역사는 지나치게 자세히 설명하면 지루하고 딱딱할 수 있고, 그렇다고 재미 위주로만 풀어가다 보면 역사의 본질을 놓칠 수 있지요. 그런데 이 책은 재미와 역사의 본질, 두 마리 토끼를 다 잡은 것 같아요.

— 김현애 서울영림초등학교 교사

단순한 역사적 사실 암기가 아닌 원리와 근본을 이해할 수 있습니다.

— 박성현 상일초등학교 교사

《용선생의 시끌벅적 한국사》를 사회 교과서와 함께 갖고 다니라고 얘기하고 싶습니다. 가장 빠르고 꼼꼼하게 역사 공부를 시작할 수 있는 입문서라고 생각합니다.

— 이종호 순천도사초등학교 교사

아이들이 힘들어하는 역사가 암기 과목이라는 생각에서 벗어나 '왜?'라는 질문만으로도 충분히 멋진 수업이 가능하다는 점을 보여 주고 있습니다. 초등학생뿐 아니라 중학생들에게도 좋은 책입니다.

— 정의진 여수여자중학교 교사

이 책은 시간, 공간, 인간을 모두 다루면서도 전혀 어렵거나 지루하지 않습니다. 내가 주인공들과 함께 역사 여행을 하는 것 같습니다. 이 책을 읽은 6학년 여학생은 "작년에 교과서에서 배웠던 것이 이제야 이해가 돼요"라고 하더군요.

— 황승길 안성초등학교 교사

# ✔ 읽기 전에 알아두기

❶ 이 책은 2016년 《용선생의 시끌벅적 한국사(전면 개정판)》을 증보·개정하여 출간하였습니다.

❷ 보물, 국보, 사적은 문화재보호법 시행령[대통령령 제32111호]에 의거하여 지정번호를 삭제하여 표기하였음을 알려드립니다.

❸ **저자 현장 강의 전면 개정판**에서는 책 속의 QR코드를 통해 영상을 보실 수 있습니다. QR코드를 스캔하여 회원 가입 및 로그인 진행 후 도서 구매 시 제공된 쿠폰의 시리얼 넘버를 등록해 주세요.

## ▶ 영상 재생 방법

▲ 용선생 현장 강의
영상 재생 방법

• 회원 가입 후에는 로그인을 위해 다시 한번 QR코드를 스캔해 주세요.

• 시리얼 넘버는 최초 한 번만 등록하면 됩니다. 등록된 시리얼 넘버는 변경하거나 양도할 수 없습니다.

• 로그인이 되어 있으면 바로 영상이 재생됩니다.

• '참고 영상'은 링크 영상으로 시리얼 넘버 인증 없이 바로 시청 가능합니다.

• '용선생 현장 강의' 영상은 **용선생 클래스**(yongclass.com) 홈페이지를 통해 PC로도 시청하실 수 있습니다.

• **저자 현장 강의 전면 개정판**을 구매하지 않은 독자님은 용선생 클래스 홈페이지에서 결제 후 '용선생 현장 강의' 전체 영상을 보실 수 있습니다.

# 용선생의 시끌벅적 한국사

**글 금현진**

서울대학교 국어교육과를 졸업하고 월간 《우리교육》에서 기자로 일하였고, 엄마가 된 후 어린이책 작가가 되었습니다. 이 책을 쓰기 시작하면서 어떻게 하면 역사를 어려워하는 우리 아이들에게 역사를 올바르고 재미있게 알려 줄 수 있을까 계속 고민했습니다. 이를 위해 여러 책과 논문들을 읽고, 우리 역사를 생생하게 담아내기 위해 역사의 현장을 직접 돌아보기도 했습니다. 역사 공부에 첫발을 내딛는 어린이도 혼자 읽고 이해할 수 있는 책을 만드는 데 공을 들였습니다.

**글 손정혜**

문예 창작을 전공하고 신춘문예로 등단했습니다. 생태 동화 《거북이랑 달릴거야》, 역사 동화 《이선비 한양에 가다》, 속담이 담긴 그림책 《천하장사 옹기장수》 등 다양한 분야의 어린이책을 썼습니다.

**글 정상민**

연세대학교 사학과에서 학사, 석사 학위(한국 고대사)를 받았습니다. 박사 과정을 마치고 민족사관고등학교와 대학교 등에서 학생들을 가르쳤습니다. 우리 역사를 재미있고 깊이 있게 풀어내는 것을 좋아하여 스스로 만족할 만한 역사 교양서를 쓰는 것이 꿈입니다.

**그림 이우일**

홍익대학교에서 시각디자인을 공부한 만화가입니다. '노빈손' 시리즈의 모든 일러스트레이션을 그렸으며 지은 책으로는 《우일우화》, 《옥수수빵파랑》, 《좋은 여행》, 《고양이 카프카의 고백》 등이 있습니다. 그림책 작가인 아내 선현경, 딸 은서, 고양이 카프카, 비비와 함께 그림을 그리고 글을 쓰며 살고 있습니다.

**정보글 이재환**

서울대학교 국사학과를 졸업하고 같은 학교 대학원에서 논문 〈신라 진골 연구〉로 박사 학위를 받았습니다. 현재 삼국 시대와 통일 신라의 문화에 대해 연구하고 있습니다.

**지도 박소영**

홍익대학교 시각디자인과를 졸업한 후 어린이 교육용 소프트웨어 개발 일을 하며 틈틈이 만화를 그리던 것이 일러스트레이션 일을 시작하는 계기가 되었습니다. 쉽고 재밌는 그림으로 이야기를 풀어 나가려 노력하고 있습니다.

**지도 조고은**

애니메이션과 만화를 전공했으며 틈틈이 그림과 만화를 그리는, 계속해서 공부하고 배우는 중인 창작인입니다.

**기획 세계로**

1991년부터 역사 전공자들이 모여 함께 고민하고 연구하며 한국사와 세계사를 가르치고 있습니다. 역사를 주제로 한 책을 읽어 배경지식을 쌓고 이에 대해 자신의 생각을 이야기하는 '독서 토론 프로그램', 우리나라와 세계 여러 나라의 역사, 문화 현장을 답사하며 공부하는 '투어 캠프 프로그램'을 운영하고 있습니다. 지은 책으로는 《이선비, 한옥을 짓다》 등 역사 동화 '이선비' 시리즈가 있습니다.

**검토 및 추천 전국초등사회교과모임**

전국 초등학교 선생님들이 모여 활동하는 교과 연구 모임입니다. 역사, 사회, 경제 수업을 연구하고, 학습 자료를 개발하며, 아이들과 박물관 체험 활동을 해 왔습니다. 현재는 초등 교과 과정 및 교과서를 검토하고, 이를 재구성하는 작업을 통해 행복한 수업을 만드는 대안 교과서를 개발하는 데 힘쓰고 있습니다.

**자문 및 감수 송기호**

서울대학교 국사학과를 졸업하고 같은 학교 대학원에서 석사·박사 학위를 받았습니다. 서울대학교 국사학과 교수, 서울대학교 박물관 관장을 역임했습니다. 지은 책으로는 《발해 사회문화사 연구》, 《발해를 왜 해동성국이라고 했나요?》 등이 있고, 함께 지은 책으로는 《개정신판 한국사특강》, 《역사용어 바로쓰기》 등이 있습니다.

**자문 및 감수 전덕재**

서울대학교 국사학과를 졸업하고 같은 학교 대학원에서 석사·박사 학위를 받았습니다. 현재 단국대학교 사학과 교수로 재직 중입니다. 《중학교 역사(상)》(천재교육)을 공동 집필했으며, 지은 책으로 《신라 육부 체제 연구》, 《신라 왕경의 역사》 등이 있습니다.

**문화유산 자문 오영인**

서울대학교 대학원 고고미술사학과에서 도자사학 전공으로 석사·박사 학위를 받았습니다. 서울대학교에서 강의를 진행하고, 국가유산청 문화유산 감정위원으로 근무했습니다. 현재 사회평론 역사연구소 연구원으로 역사책을 만들고 있습니다.

용선생의
시끌벅적
한국사

3
북쪽엔 발해, 남쪽엔 신라

글
금현진 손정혜 정상민

그림
이우일

기획
세계로

검토 및 추천
전국초등사회교과모임

자문 및 감수
송기호 전덕재

사회평론

여러분! 시끌벅적한 용선생의 한국사 교실에 오신 것을 환영합니다.

먼저 기억에 관한 어느 실험 이야기를 소개할까 해요. 기억 상실증에 걸린 환자들과 평범한 사람들이 똑같은 질문을 받았대요. "당신은 지금 바닷가에 서 있습니다. 앞에 펼쳐져 있는 모습을 상상해 보세요. 자, 뭐가 보이나요?" 질문을 받은 평범한 사람들은 하얗게 부서지는 파도며 노을 지는 해변, 물장구치는 아이들, 또는 다정한 연인의 모습을 떠올리고는 그로부터 여러 가지 상상을 풀어 놓았답니다. 그런데 기억을 잃은 사람들의 대답은 아주 간단했어요. 그들이 떠올릴 수 있는 것이라곤 그저 '파랗다'는 말뿐이었대요. 물론 기억 상실증에 걸린 사람들도 바다가 어떤 곳인지 모르지 않습니다. 파도나 노을, 물장구 같은 말들에 대해서도 알고 있고요. 그런데도 그들은 바닷가의 모습을 그려 내지는 못한 거지요. 이쯤 되면 기억이란 것이 과거보다는 현재나 미래를 위한 것이 아닌가 싶은 생각도 듭니다. 그래서 과학자들은 이 실험 이후 기억에 대해 새로운 해석을 내리게 되었대요. 기억은 단순히 과거의 일들을 기록해 두는 대뇌 활동이 아니라, 매순간 변하는 현재와 다가올 미래를 대비하기 위한 '경험의 질료'라고요.

재미난 이야기지요? 우리가 역사를 공부하는 이유에 대해서도 새삼 생각하게 하는 이야깁니다. 한 사람의 기억들이 쌓여 인생을 이룬다면, 한 사회의 기억들이 모여 역사가 됩니다. 무엇을 기억할지, 또 어떻게 기억할지에 따라 우리의 현재와 미래는 달라지겠지요. 그래서 이런 말도 있답니다. '역사에서 배우지 못하는 이들에게는 미래가 없다!'

책의 첫머리부터 너무 무거웠나요? 사실 이렇게 거창한 말을 옮기고는 있지만, 이 책의 저자들은 어디 역사가 뭔지 가르쳐 보겠노라 작정하고 책을 쓴 것이 아니랍니다. 오히려 그 반대였지요. 이 책을 쓰는 동안 우리는 처음 역사를 공부하던 십대 시절로 돌아갔어요. 시작은 이랬습니다. 페이지마다 수많은 인물과 사건들이 와장창 쏟아져 나오는 역사책에 대고 '그건 무슨 뜻이죠?', '대체 무슨 일이 있었던 건데요?' 하고 묻게 되는 거예요. 그것으로 끝이 아니었어요. 겨우 흐름을 잡았다 싶으면 이번엔 '정말이에요?', '왜 그랬을까요?', '그게 왜 중요한데요?' 하며 한층 대책 없는 물음들이 꼬리를 잇더군요. 그럴 때마다 우리를 도와준 것은 바로 이 책의 독자인 여러분이랍니다. 여러분도 분명 비슷한 어려움을 겪으며 무수한 물음표들을 떠올릴 거라고 생각하니, 어느 한 대목도 허투루 넘길 수가 없었어요.

하여, 해가 바뀌기를 여섯 번! 짧지 않은 기간 동안 이 책의 저자와 편집자, 감수자들은 한마음으로 땀을 흘렸답니다. 우리는 무엇보다 과거에 일어난 일들을 최대한 있는 그대로 파악하려는 노력과 다양한 관점에 따라 풍부하게 해석해 내려는 노력을 동시에 기울이고자 했어요. 널리 알려진 역사적 지식이라도 사실과 다른 점은 없는지 다시 검토했고요. 또 역사책을 처음 읽는 학생들이라도 지루하지 않게 한국사 전체를 훑을 수 있도록 하기 위해 흥미진진한 구성, 그리고 쉽고 상세한 설명에 많은 공을 들였답니다. 한국사를 공부하는 일은 오늘 우리 자신의 모습을 뿌리 깊이 이해하는 일이자, 앞으로 써 갈 역사를 준비하는 과정이기도 해요. 그 주인공인 여러분을 초대합니다. 유쾌하고도 진지하고, 허술한 듯 빈틈이 없는 용선생의 한국사 교실로 들어오세요!

금현진

# 차례

## 1교시

## 고구려, 수와 당을 물리치다

| | |
|---|---|
| 수나라의 문제, 고구려를 공격하다! | 014 |
| 수나라의 야심가 양제, 고구려를 공격하다 | 018 |
| 을지문덕의 기막힌 작전 | 022 |
| 고구려 최고의 권력자가 된 연개소문 | 028 |
| 당나라 태종, 안시성에서 무릎을 꿇다 | 030 |
| 고구려, 민족의 방파제 | 034 |
| 나선애의 정리노트 | 037 |
| 용선생의 역사 카페_ 온달은 정말 바보였을까? | 038 |
| 한국사 퀴즈 달인을 찾아라! | 040 |

교과서 단원: 5학년 2학기 사회 1-1. 나라의 등장과 발전 / 중학교 역사②
Ⅱ-1. 신라의 삼국 통일과 발해의 건국

## 2교시

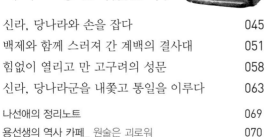

## 삼국은 어떻게 하나로 통일되었을까?

| | |
|---|---|
| 신라, 당나라와 손을 잡다 | 045 |
| 백제와 함께 스러져 간 계백의 결사대 | 051 |
| 힘없이 열리고 만 고구려의 성문 | 058 |
| 신라, 당나라군을 내쫓고 통일을 이루다 | 063 |
| 나선애의 정리노트 | 069 |
| 용선생의 역사 카페_ 원술은 괴로워 | 070 |
| 한국사 퀴즈 달인을 찾아라! | 072 |

교과서 단원: 5학년 2학기 사회 1-1. 나라의 등장과 발전 / 중학교 역사②
Ⅱ-1. 신라의 삼국 통일과 발해의 건국

## 3교시

## 통일 신라, 평화의 시대를 열다!

| | |
|---|---|
| 용이 되어 동해를 지키고자 한 문무왕 | 078 |
| 걱정거리를 해결해 주는 요술 피리, 만파식적 | 081 |
| 귀족의 힘은 줄이고, 왕의 힘은 키우고 | 085 |
| 경주, 세계인이 모여드는 무역 도시가 되다 | 091 |
| 나선애의 정리노트 | 097 |
| 용선생의 역사 카페_ 번영과 안정의 상징, 월지(안압지) | 098 |
| 한국사 퀴즈 달인을 찾아라! | 100 |

교과서 단원: 5학년 2학기 사회 1-1. 나라의 등장과 발전 / 중학교 역사②
Ⅱ-2. 남북국의 발전과 변화

**4교시**

# 찬란하게 피어난 불교문화

해골에 담긴 썩은 물에서 깨친 진리     105
석굴암과 불국사는 누가 지었을까?     112
깊은 굴 안에서 세상을 비추는 신비로운 불상     118
땅 위에 세운 부처의 나라     124

나선애의 정리노트     135
용선생의 역사 카페_ 석굴암이 위험하다!     136
한국사 퀴즈 달인을 찾아라!     138

교과서 단원: 5학년 2학기 사회 1-1. 나라의 등장과 발전 / 중학교 역사②
Ⅱ-3. 남북국의 문화와 대외 관계

**5교시**

# 흔들리는 신라, 장보고의 꿈과 좌절

당나라에서 활동한 신라 사람들     143
장보고가 당나라로 갈 수밖에 없었던 까닭     147
흔들리는 신라 왕실     150
동아시아 바다를 주름잡은 청해진 대사     155
물거품이 된 장보고의 꿈     163

나선애의 정리노트     169
용선생의 역사 카페_ 처용, 너는 누구냐?     170
한국사 퀴즈 달인을 찾아라!     172
역사반 답사 여행_ 완도와 해남     174

교과서 단원: 5학년 2학기 사회 1-1. 나라의 등장과 발전 / 중학교 역사②
Ⅱ-3. 남북국의 문화와 대외 관계

**6교시**

# 북쪽 나라 발해는 어떤 나라였을까?

고구려 출신 대조영, 발해를 세우다     182
영토를 넓힌 무왕, 문물을 정비한 문왕     189
화려한 번성기를 누리고 아스라이 사라진 발해     196
발해 속 고구려를 찾아라!     204

나선애의 정리노트     211
용선생의 역사 카페_ 공주들의 무덤을 통해 본 발해     212
한국사 퀴즈 달인을 찾아라!     214

교과서 단원: 5학년 2학기 사회 1-1. 나라의 등장과 발전 / 중학교 역사②
Ⅱ-2. 남북국의 발전과 변화

**7교시**

# 무너지는 신라, 떠오르는 호족

신라의 농민들은 왜 도적이 되었을까?     219
가난에 허덕이던 백성들의 안타까운 이야기     225
원종과 애노, 신라에 반기를 들다     229
혼란한 틈을 타 지방에서 힘을 기른 호족들     235

나선애의 정리노트     243
용선생의 역사 카페_ 세 명의 최씨, 엇갈린 운명     244
한국사 퀴즈 달인을 찾아라!     246
역사반 답사 여행_ 장흥과 보성     248

교과서 단원: 5학년 2학기 사회 1-2. 독창적 문화를 발전시킨 고려 / 중학교 역사② Ⅱ-2. 남북국의 발전과 변화

교과서에 나오는 한국사-세계사 연표     252
찾아보기     254
참고문헌     256
사진 제공     258
정답     259

'용쓴다 용써'
# 용선생

허술하지만 열정만은 가득한
선생님. 하늘을 향해 거침없이
솟아나 있는 용머리와 지저분한
수염이 인간미(?)를 더해 준다.
교장 선생님의 갖은 핍박에도
불구하고, 생생한 역사 수업을
위해 물불을 가리지 않는다.

'장하다 장해'
# 장하다

'튼튼하게만 자라 다오.'라는
아버지의 소원대로
튼튼하게만 자랐다. 공부는
꽝이지만, 성격은 짱이어서
시험을 못 봐도 씩씩하고,
애들이 공부 못한다고 놀려도
씩씩하다.

'오늘도 나선다'
# 나선애

똑소리 나는 우등생.
공부도 잘하고 아는 게 많아서
잘 나선다. 차갑고 얄미워
보이지만, 사실 누구보다
따뜻한 마음을 가지고 있다.
티는 안 나지만.

'수나라 군대쯤이야!'
# 을지문덕

수나라 군대와 맞붙은 살수 대첩에서
큰 승리를 거둔 고구려의 장군.
수나라 군대의 사정을 염탐하기 위해
홀로 적진에 뛰어들 정도로 대담함을
갖추고 있다.
전쟁 중에 수나라 장군을 놀리는
편지를 보내 수나라 장군이 뒷목을
잡는데…….

'그래, 결심했어!'
# 김춘추

백제군에게 사랑하는 딸을
잃은 비운의 남자. 복수를
위해 고구려에 도움을
요청하러 갔는데, 고구려는
도리어 땅을 내놓으라고
억지를 부린다. 과연 김춘추는
어떤 선택을 할 것인가?

'피도 눈물도 없는'
# 신문왕

장인이 반란을 일으킨 뒤로 왕권
강화에 목숨 걸었다. 귀족들의
'노다지'였던 녹읍을 없애 버리고,
말 안 듣는 귀족들은 무자비하게
처형한다. 덕분에 나라는
안정되었지만, 귀족들은 신문왕
앞에만 서면 벌벌 떤다고.

'잘난 척 대장'
## 왕수재

이 세상에서 자기가 제일
잘난 줄 안다. 그래서
친구가 없는데도 담담하다.
'천재는 외로운 법이고,
질투의 대상인 법'이라나.
근데 사실 깐족거리는 데
천재적이다.

'엉뚱 낭만'
## 허영심

엉뚱 발랄한 매력을 가진
역사반의 분위기 메이커.
뛰어난 공감 능력으로
웃기도 울기도 잘한다.
반짝반짝 빛나는
역사 유물을 좋아한다.

'깍두기 소년'
## 곽두기

애교가 넘치는 역사반 막내.
나이도 가장 어리고, 타고난
동안이라서 언뜻 보기엔
유치원생 같다. 하지만 훈장
할아버지 덕분에 어려운
한자를 줄줄 꿰고 있는 한자
신동이기도 하다.

'불교, 참 쉽죠?'
## 원효

불교가 사실 참 쉽다는 것을
어떻게 알릴까 불철주야
고민하는 열정의 사나이.
이렇게 되기까지
해골 물의 힘이 컸다는데,
이게 무슨 말일까?

'다시 고구려'
## 대조영

고구려가 망한 후
당나라에 끌려왔지만
고구려 백성이라는
자부심으로 똘똘 뭉친
사나이. 고구려를 다시
세우겠다는 그의 꿈은
실현될 수 있을까?

'골품 제도 비켜!'
## 장보고

골품도 없는 '내추럴본'
평민. 그러나 당나라에
건너가 장교가 되었고
신라로 금의환향하여
'대사'라는 벼슬자리에 오른다.
요즘 장보고의 목표는 딸을
왕에게 시집보내는 것!

# 고구려, 수와 당을 물리치다

고구려는 광개토대왕과 장수왕 시대를 거치며 동북아시아의 강대국으로 위세를 떨쳤어.

하지만 6세기 이후, 고구려는 힘든 시간을 보내야 했지.

중국 대륙을 통일한 수나라와 당나라가 연거푸 고구려를 공격해 왔기 때문이야.

하지만 고구려는 끝까지 용맹하고 침착하게 맞서 싸웠단다.

오늘은 60년이 넘도록 계속된 고구려와 수·당 사이의 전쟁을 살펴보자.

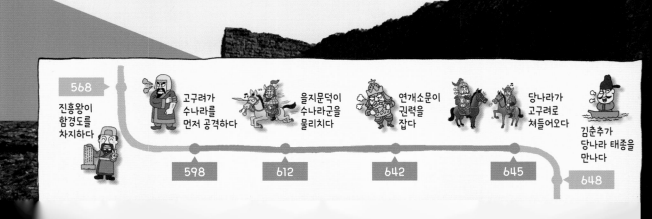

568 진흥왕이 함경도를 차지하다

고구려가 수나라를 먼저 공격하다

을지문덕이 수나라군을 물리치다

연개소문이 권력을 잡다

당나라가 고구려로 쳐들어오다

김춘추가 당나라 태종을 만나다

598     612     642     645     648

✔ 알고 있는 용어에 체크해 보자!
☐ 을지문덕  ☐ 살수 대첩  ☐ 안시성  ☐ 연개소문

고구려 백암성의 치

점심시간을 알리는 종소리가 울리자마자 장하다가 식당으로 들어섰다.

"우아, 내가 좋아하는 닭볶음탕이네? 오늘은 두 번 먹어야지!"

신이 난 장하다는 식판에 밥과 반찬을 듬뿍 담아 자리에 앉았다. 그러고는 살코기를 막 입안 가득 베어 무는데 뒷자리에서 아이들의 이야기 소리가 들려왔다.

"나 캐릭터 바꿨어. 아무리 생각해도 강감찬이 더 나은 것 같아."

"진짜? 계백도 괜찮았는데."

'어? 이건 어디서 많이 들어 본 이름들인데?'

장하다가 냉큼 뒤를 돌아보았다.

"너희들 지금 무슨 얘기를 하는 거야?"

"뭐긴, 영웅전이지."

"그게 뭔데? 만화야?"

"너, 농담이지? 어떻게 영웅전을 몰라?"

"요즘 제일 인기 있는 게임이잖아! 우리나라 영웅들이 서로 대결하는 건데, 진짜 재밌어!"

"그런 게임이 나왔어? 어떻게 하는 건데?"

"간단해. 자기가 원하는 캐릭터를 선택한 다음 상대방과 대결하는 거야. 혼자 싸울 수도 있고, 다른 캐릭터와 동맹을 맺을 수도 있어. 내 캐릭터는 을지문덕이고 쟤는 연개소문이야."

"응? 좀 전에 우리나라 영웅들만 나온다며? 을지문덕, 연개 어쩌고 하는 사람들은 중국 사람들 아니야?"

장하다의 말에 아이들은 어처구니없다는 표정을 지었다.

"야, 뭔 소리야! 을지문덕이랑 연개소문은 고구려 장군들이거든."

"정말? 고구려는 내가 전문인데, 난 그런 이름 못 들어 봤는데?"

그러자 아이들이 자기네끼리 쑥덕거렸다.

"역시, 역사반 완전 엉터리라는 소문이 맞네."

"얘네 매일 소풍만 간대."

아이들의 말에 울컥한 장하다가 밥알을 튀기며 소리를 질렀다.

"뭐라고? 너네, 말 다했어? 우리 역사반이 얼마나 공부를 열심히 하는지 알아? 잘 알지도 못하면서!"

장하다는 식판을 들고 벌떡 일어났다.

## 수나라의 문제, 고구려를 공격하다!

"선생님! 오늘은 을지문덕이랑 연개소문에 대해 알려 주세요!"

용선생이 교실에 들어서자마자 장하다가 두 팔을 번쩍 치켜들고 소리쳤다.

"오잉? 우리 하다가 웬일로 수업을 다 하자고 그러지? 오늘 해가 한 다섯 개쯤 떴나?"

용선생이 벙글거렸지만 하다는 웃지도 않고 "빨리 이야기나 해 주세요!" 하고 다시 재촉했다.

"응? 응, 그래……. 그러지 않아도 오늘 고구려와 수나라, 당나라 사이에 벌어진 전쟁 이야기를 할 차례가 됐어. 진흥왕 때 신라 가 고구려 땅이었던 한강 유역을 차지한 것 기억나지?"

나선애가 대답하려는데 장하다가 더 빨리 입을 열었다.

"아, 그럼요! 진흥왕이 성왕을 배신하고 차지한 거잖아요."

"오, 맞아! 그로부터 30년쯤 뒤, 중국에 큰 변화가 일어났어. 거의 300년 동안 중국 대륙에서는 크고 작은 나라들이 세워지고 사라지고 하면서 혼란기가 이어졌거든. 그런데 양견이라는 사 람이 세운 수나라가 589년, 마침내 중국을 통일한 거야."

"그렇다면 엄청나게 큰 나라가 탄생한 거네요."

왕수재가 안경을 당겨 쓰며 눈썹을 씰룩거렸다. 수업 내용

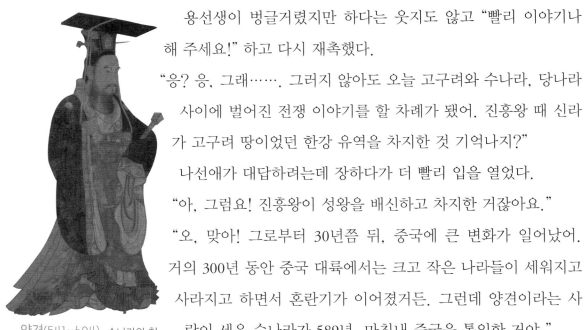

양견(541~604) 수나라의 첫 번째 황제인 문제야. 581년 9세의 어린 황제를 몰아내고 수나라를 세운 후, 8년 만에 중국을 통일했지.

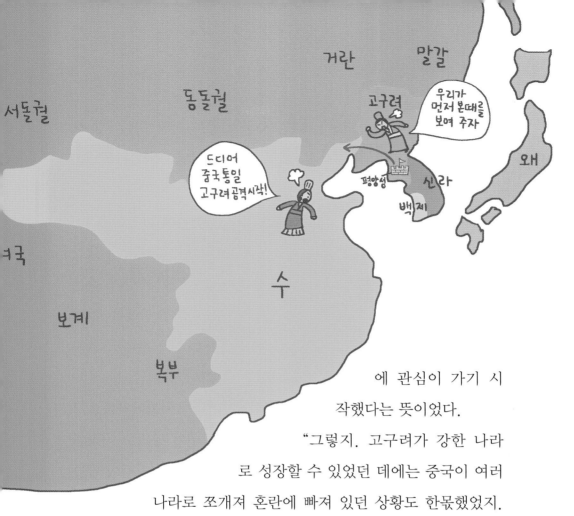

에 관심이 가기 시
작했다는 뜻이었다.

"그렇지. 고구려가 강한 나라
로 성장할 수 있었던 데에는 중국이 여러
나라로 쪼개져 혼란에 빠져 있던 상황도 한몫했었지.
그런데 중국을 하나로 통일한 나라가 등장했으니 당연히 고구려가
바짝 긴장했겠지? 고구려 영양왕은 만약을 대비해서 전쟁 준비를
하기 시작했어. 그러던 어느 날 영양왕의 귀에 수나라가 고구려를
치기 위해 비밀리에 군사를 훈련시키고 있다는 소식이 들려왔어."

"힉! 왜요? 고구려가 수나라한테 뭘 잘못했나요?"

곽두기가 놀라며 물었다.

"그런 게 아니라, 누가 더 힘이 센지 겨루어 보자는 뜻이지. 고구

려는 중국의 동북 지역에서 가장 강한 나라였어. 이런 고구려를 정복할 수 있다면 수나라의 힘을 만천하에 과시할 수 있겠지? 그래서 나라가 세워진 이후로 돌궐, 거란과 같은 나라들과 끊임없이 전쟁을 치렀던 수나라는 그 마지막 상대로 고구려를 택한 거야."

"그래서, 수나라가 쳐들어왔나요?"

"아니, 오히려 먼저 공격을 시작한 건 고구려였어. 598년 영양왕이 말갈 군사 1만 명을 이끌고 수나라 땅인 요서 지방으로 먼저 쳐들어간 거야. 이렇게 선수를 친 이유는 수나라에 경고를 하기 위해서였을 거야. '만약 너희가 우리 고구려로 쳐들어오면 우리도 강력하게 대응할 것이다' 하는 뜻을 직접 행동으로 보여 준 셈이지."

"수나라에서 꽤 놀랐겠네요?"

나선애의 말에 용선생은 고개를 저었다.

"수나라 황제인 문제는 오히려 잘됐다고 생각했어. 고구려를 언제 칠까 하고 기회만 엿보고 있던 중에 고구려를 공격할 구실이 생겼으니까. 문제는 망설이지 않고 30만 명의 군사를 보내 육지와 바다에서 동시에 고구려를 공격하도록 했어."

"30만 명이면 도대체 얼마나 많다는 거지?"

열심히 듣던 장하다가 머리를 긁적거렸다.

"음…… 어느 정도냐면, 서울 월드컵 경기장 관중석에 최대 7만 명 가까이 앉을 수 있대. 그러니까 그런 경기장 4개를 꽉 채우고도 남을 정도의 군사가 고구려를 공격한 거야."

"헉! 그렇게나 많이요? 이런! 고구려 어떡하지!"

장하다가 수선을 피우자, 나선애가 조용히 하라고 옆구리를 쿡 찔렀다.

"고구려군은 적이 랴오허강을 건너지 못하게 하려고 목숨 걸고 싸웠어. 이 강을 기준으로 서쪽은 수나라 땅인 요서고, 동쪽은 고구려 땅인 요동이었거든. 수나라 군대는 바로 이 랴오허강에서 고구려 군대에 막혀 앞으로 나아가질 못하고 시간만 보냈어. 엎친 데 덮친 격으로 장마가 닥쳐서 수나라 병사들 사이에 전염병이 돌고, 식량이 물에 떠내려가기까지 했어. 그나마 남아 있는 식량도 상해 버리는 바람에 식중독으로 쓰러지는 병사들도 많았지. 이뿐만이 아니야. 바다를 통해 평양으로 오던 수나라 군사들 역시 대부분 물에 빠져 죽고 말았어. 커다란 태풍을 만나는 바람에 배가 가라앉거나 크게 망가져 버렸거든. 열에 한두 명 꼴로 겨우 살아남은 수나라

군사들은 제대로 싸워 보지도 못하고 돌아갈 수밖에 없었어."

"우아! 하늘도 고구려를 돕는구나!"

장하다의 말에 왕수재가 자기도 모르게 맞장구를 쳤다.

"그러게 고구려를 왜 함부로 건드려?"

모처럼만에 마음이 통한 하다와 수재가 씨익 미소를 주고받았다.

##  수나라의 야심가 양제, 고구려를 공격하다

양광(569~618)
수나라의 두 번째
황제인 양제야. 지금의
베이징에서 항저우를
잇는 약 2,000km 길이의
운하 건설 대공사를
벌여서 백성들의 원망을
샀어.

"수나라는 그 뒤로 감히 고구려를 넘보지 못했겠네요."

"문제는 더 이상 쳐들어오지 않았지만, 그 뒤를 이어 황제가 된 양제는 달랐어. 문제의 둘째 아들인 양제는 아버지와 형을 죽이고 스스로 왕위에 올랐어. 그만큼 권력을 차지하고자 하는 욕심도 많고 영토를 넓히려는 야망도 큰 인물이었지. 그는 즉위하자마자 고구려를 완전히 무너뜨리겠다고 별렀어. 그래서 예전보다 더 많은 군사들을 모으고 어마어마한 양의 전쟁 물자를 준비하기 시작했어. 그리고 612년, 급기야 고구려를 공격했어. 이때 전투에 참여하는 군인의 수만 113만 명이 넘었다고 하니 양제가 전쟁에 얼마나 열을 올렸는지 상상이 가지?"

아이들은 너도나도 휴, 한숨을 내쉬었다.

"이번에는 수나라군의 수가 워낙 많아서 랴오허강을 지키던 고구려 군대가 밀리고 말았어. 수나라 군대는 요동성까지 쳐들어왔지. 수나라 군대가 요동성으로 쳐들어온다는 소식을 들은 요동성의 장군은 성 밖의 곡식과 가축, 사람들까지 모조리 성안으로 옮기라는 명령을 내렸어. 그런 다음 들판을 불태우고 우물을 메워 버렸지."

"엥, 왜 멀쩡한 땅을 쑥대밭으로 만들어요?"

"수나라 군사들이 식량을 구할 수 없도록 하기 위해서야. 이런 걸 어려운 말로 '청야수성(淸野守城)' 작전이라고 하는데, '들판을 깨끗하게 비우고 성을 지킨다'는 뜻이야."

"흠, 그런 작전을 쓴다고 해서 그 많은 군사들을 물리칠 수 있을까?"

왕수재가 턱을 슥슥 문지르며 말했다.

"요동성에 도착한 수나라 군대는 성을 에워싼

채 엄청난 공격을 퍼부었어. 근데 거의 4개월 동안이나 공격을 했는데도 요동성은 꿈쩍도 하지 않는 거야. 그러자 수나라 군대는 더 이상 버티기 힘들어졌어. 식량은 점점 떨어져 가는데 성 밖에는 식량이 없고, 멀리 떨어진 중국에서 식량을 옮겨 오자니 시간이 너무 많이 걸렸던 거야."

"와아, 고구려의 작전이 성공한 거네요?"

장하다가 신이 나서 몸을 흔들어 댔다.

"그랬지! 게다가 수나라 수군도 평양성을 공격했다가 오히려 고구려에게 크게 당한 뒤 후퇴했거든. 많은 군사를 동원했는데도 요동성을 함락하지 못했다는 사실에 단단히 화가 난 양제는 작전을 바꾸기로 했어. 요동성과 그 근처의 다른 성들은 그냥 내버려 둔 채 일단 앞으로 나아가서 평양성을 먼저 공격하기로 한 거야."

"아직 점령하지도 못한 성들을 그냥 두고 간다고요? 그러다가 고

고구려 성의 비밀

고구려는 '산성의 나라'라고 불릴 정도로 많은 산성을 쌓았어. 산성은 험준한 지형을 이용해 쌓았기 때문에 가뜩이나 공격하기 어려운데, 고구려 사람들은 여기에 특별한 장치까지 더했어.

옹성 성문을 둥글게 감싼 성벽이야. 성문 앞까지 온 적을 손쉽게 공격할 수 있어.

치 직각으로 튀어나온 벽이야. 삼면에서 적을 공격할 수 있어.

구려 군대가 뒤에서 공격하면 어떡해요?"

"역시 선애는 예리해! 그 말처럼 이 작전은 대단히 위험한 작전이야. 하지만 지금 수나라는 어떻게 해서든 전쟁을 빨리 끝내야 되는 입장이잖아? 그러니 하는 수 없이 모험을 하기로 한 거지. 양제는 수나라 장수 우중문과 우문술을 불러서 평양성부터 치라고 했어. 이들은 황제의 명령에 따라 군사 30만 명을 이끌고 평양성으로 향했지. 그런데 수나라 군사들이 이동하는 동안 정말 어처구니없는 일이 벌어졌어. 군사들이 몰래 식량을 버리는 바람에 평양성에 도착하기도 전에 먹을 것이 다 떨어져 버린 거야!"

"네에? 어떻게 식량을 버릴 수가 있어요? 수나라 군사들 머리가 어떻게 된 거 아니에요?"

"그럴 만한 사정이 있지. 한 사람이 100일치 식량과 무기를 지고 먼 길을 걸어가야 한다고 생각해 봐. 그냥 걷기도 힘든데, 그렇게 무거운 짐까지 있었으니 얼마나 힘들었겠어? 그래서 몰래몰래 짐을 조금씩 버린 거지."

"어휴, 아무리 그래도 그렇지……. 근데 평양성에서는 수나라 군사들이 몰려온다는 사실을 알고 있었어요?"

"응, 당시 압록강 일대를 지키고 있던 것은 을지문덕 장군이었어. 그는 요동성에서도 그랬던 것처럼 미리 성 밖을 싹 비워 놓은 채 수나라 군대를 기다

을지문덕 언제, 어디서 태어났는지 알려진 게 없어. 서울에 있는 '을지로'라는 지명은 을지문덕의 이름에서 따온 거야.

리고 있었어."

"아하, 청야수성 작전!"

곽두기가 크게 소리쳤다. 장하다는 을지문덕 이야기가 나오자 아예 앉은 채로 책상과 의자를 질질 끌고 교탁 앞까지 다가들었다.

 ## 을지문덕의 기막힌 작전

"그런데 하다야. 수나라 군사들이 압록강가에 다다르자 을지문덕은 수나라 진영으로 가서 항복을 해 버렸어."

"네? 뭐라고요! 항복?"

깜짝 놀란 장하다가 목을 쑥 뺐다. 그러자 용선생이 흐흐 하고 웃었다.

"놀랐지? 진짜로 항복한 게 아니었어. 영양왕은 을지문덕에게 비밀 명령을 내렸어. 항복하는 척하면서 수나라 군사들이 어떤 상태인지 보고 오라고 한 거야. 수나라 진영으로 들어간 을지문덕은 한눈에 군사들이 굶주리고 지쳐 있다는 것을 알아챘어. 수나라는 을지문덕이 돌아간 뒤에야 그가 거짓으로 항복했다는 걸 알았지."

아이들은 낮게 "와~" 하고 감탄을 했다. 하지만 장하다는 뭔가 개운치 않은 표정이었다. 용선생의 이야기가 다시 이어졌다.

"드디어 수나라 우중문이 이끄는 30만 대군이 압록강을 건너 고구려군을 공격하기 시작했어. 그런데 고구려군은 수나라에 맞서 싸우다가 얼른 후퇴했어. 어떤 날은 고구려와 수나라의 군사들이 하루 동안 7번을 싸우기도 했는데, 그때마다 고구려군이 꽁무니를 빼는 바람에 수나라군이 모두 이기기도 했어. 연이은 승리로 자신감을 얻은 수나라 군사들은 점점 더 앞으로 나아갔어."

팔짱을 낀 채 듣고 있던 장하다는 입을 툭 내밀고 툴툴거렸다.

"이왕 싸울 거면 정면 승부를 해야지, 조금 싸우다 후퇴하는 건 뭐람?"

"흐흐흐…… 이게 바로 수나라 군사들의 상황을 한눈에 꿴 을지문덕이 택한 작전이었어. '싸우는 척하다 도망가기' 작전!"

"에이, 그런 작전이 어디 있어요? 그냥 선생님이 지어낸 거죠?"

아이들이 야유를 보내자 용선생이 고개를 저었다.

"아니야! 진짜라고. 을지문덕은 이미 굶주리고 지쳐 있는 수나라 군사들을 더욱 지치게 만들기 위해서 일부러 계속 도망을 친 거야. 수나라 군사들을 최대한 고구려 땅 깊숙이 끌어들인 다음 기습 공격을 해서 무찌르려 한 거지."

"호, 그거 말 되네?"

왕수재가 연필을 빙글빙글 돌리며 혼잣말을 했다.

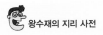

**평양성**
고구려의 도성으로,
장안성이라고도
불러. 둘레가 23km나
되는 큰 성으로
평원왕 28년(586)에
완성되었지.

"사실 수나라 군대는 식량도 떨어지고 군사들의 힘이 빠진 상태였는데도, 평양성을 치기 위해 무리하게 살수(지금의 청천강)를 건넌 거였지. 아마 우중문은 속으로 고민이 대단했을 거야. 이런 상황에서 을지문덕은 부하를 시켜 우중문에게 편지를 보냈어. 그 편지에는 시 한 편이 적혀 있었지."

"시요?"

아이들은 서로의 얼굴을 바라보며 어깨를 으쓱했다. 용선생은 커다란 종이 한 장을 꺼내 칠판에 척 붙였다.

> 그대의 신통한 계책은 하늘의 이치를 알고,
> 오묘한 전술은 땅의 이치를 아네.
> 전쟁에 이겨서 이미 공이 높아졌으니,
> 그만 만족하고 돌아가시는 것이 어떠리오.

"무슨 말이야? 다 칭찬하는 말 아냐? 맞지?"

장하다가 나선애를 돌아보며 묻자 선애가 가볍게 고개를 저었다.

"내가 보기엔 칭찬하는 척하면서 은근히 비꼬는 것 같은데? 그 정도면 됐지 뭘 더 바라냐는 얘기잖아."

용선생이 빙그레 웃으며 다시 입을 열었다.

"을지문덕은 수나라의 다른 장군인 우문술에게도 사람을 보냈어.

군사를 되돌리면 고구려 왕이 수나라 황제에게 가서 항복할 거라고 전했지."

"아니, 뭐가 어떻게 되는 거야? 도대체 을지문덕은 무슨 생각을 하고 있는 거예요? 왜 싸움은 안 하는 거야!"

장하다는 답답해 죽겠다는 듯 머리를 북북 긁어 댔다.

"하다야, 설명해 줄게. 이건 전쟁을 계속하기도, 그렇다고 그만 둘 수도 없는 상황에 빠져 있던 수나라 진영을 혼란에 빠뜨리기 위한 전략이었어. 각각 그만 돌아가라는 내용의 시와 항복 제안을 받은 뒤 머리를 싸매고 고민하던 두 수나라 장수는 결국 군사들을 이끌고 수나라로 돌아가기로 했어. 하지만 정작 수나라 군사들이 후퇴하기 시작하자 을지문덕과 고구려군이 그 뒤를 바짝 쫓기 시작한 거야! 고구려군에게 쫓겨 정신없이

**살수 대첩**
살수 대첩으로 고구려는 수나라의 군대를 물리치고 전쟁에서 승리할 수 있었어. 살수 대첩의 전투 장면을 상상해서 그린 그림이야. 독립기념관 소장.

내달리던 수나라 군사들은 어느덧 살수에 다다랐고, 어서 강을 건너기 위해 너도나도 물 속으로 뛰어들었어. 그런데 수나라군이 강을 반쯤 건넜을 무렵, 갑자기 여기저기서 숨어 있던 고구려 군사들이 나타나 일제히 공격을 퍼부었어. 이미 진이 다 빠진 수나라 군사들은 제대로 싸워 보지도 못하고 대부분 물귀신이 되고 말았지. 30만 명 중에서 살아 돌아간 군사의 수가 고작 2,700명 정도였다고 하니, 그야말로 고구려의 완벽한 승리였지. 이 싸움을 '살수 대첩'이라고 하는데, 우리 역사상 가장 크게 이긴 전투 중 하나로 손꼽히고 있어."

"으하하, 을지문덕 만세!"

내내 찜찜한 표정이던 장하다는 그제야 신이 나서 교실 안을 펄쩍펄쩍 뛰어다녔다.

"수나라는 그 뒤로도 몇 번이나 고구려를 공격했지만 모두 실패했어. 그러다가 고구려와 마지막 전쟁을 치른 지 4년이 채 못 되어 멸망해 버렸지."

"엄청 센 나란 줄 알았더니 금방 망했네요?"

"수나라를 멸망으로 이끈 것은 바로 고구려와의 전쟁이었어. 무리한 전쟁 때문에 백성들의 생활이 어려워졌고, 전국 곳곳에서 반란이 일어났거든. 그런데도 양제는 놀고먹는 데만 정신이 팔려 있었어. 결국 618년, 양제가 부하에게 목숨을 잃자 수나라도 무너져 내린 거야."

대운하 중국 대륙을 남북으로 관통하는 운하야. 폭은 60m, 길이는 2,000km에 달해. 그런데 운하 건설은 수나라를 망하게 한 원인 중 하나였어. 기록에 따르면 공사를 하다 많은 사람들이 죽었고 공사에서 빠지기 위해 스스로 팔다리를 자른 사람들도 많았대. 그만큼 운하 건설은 사람들을 고통스럽게 했어.

"고구려한테는 좋은 일이네요. 고구려를 위협하는 나라가 없어졌으니까."

허영심의 말에 용선생은 고개를 절레절레 흔들었다.

"그렇지가 않았어. 수나라가 망하자마자 당나라가 세워졌거든. 이제 고구려는 새로운 상대와 맞서야 하는 상황이 된 거지."

"아휴…… 고구려는 쉴 틈도 없네."

영심이 한숨을 폭 내쉬었다.

## 고구려 최고의 권력자가 된 연개소문

"당나라가 세워질 무렵, 고구려의 영양왕이 세상을 떠났어. 그 뒤를 이은 영류왕은 당나라와 서로 으르렁거리느니 사이좋게 지내는 편이 좋겠다고 생각했어. 수나라와 전쟁을 치르느라 힘이 많이 약해진 상태에서 또다시 당나라와 전쟁을 할 수는 없는 노릇이었으니까. 당나라 황제 이연 역시 아직 나라를 안정시키지 못한 상황이었기 때문에 고구려와 사이좋게 지내기를 원했어. 그래서 두 나라는 한동안 평화롭게 지낼 수 있었지. 하지만 두 번째 황제 이세민의 등장으로 모든 상황이 바뀌었어. 이연의 둘째 아들이었던 그는 큰형과 아우를 죽이고 왕위에 올랐을 만큼 야심이 많은 사람이었어."

"윽, 수나라 양제랑 비슷한데요! 고구려에 도움될 사람은 아니겠네요."

"비슷한 점도 있다만, 수양제보다 훨씬 더 능력이 많았지! 이세민, 즉 태종은 주변의 작은 나라들을 정복해서 628년에는 중국 대륙 전체를 통일했어. 강력해진 당나라는 슬슬 고구려를 위협하기 시작했고, 영류왕은 당나라의 침입에 대비하기 위해 천리장성을 쌓기 시작했어."

"천리장성? 긴 성 말이죠?"

"맞아. 실제로 길이가 천 리는 아니지만, 그만큼 긴 성곽이라서

이세민(599~649)
당나라의 두 번째 황제 태종이야. 아버지 이연을 도와 당나라를 세우는 데 큰 활약을 했어. 비록 황제가 되기 위해 형과 동생을 죽였지만, 백성들이 살기 좋은 시대를 연 황제였어.

천리장성이라는 이름을 갖게 됐지. 처음 공사를 시작해서 완성하기까지 총 16년이나 걸렸으니 엄청나게 큰 공사였어. 이 공사의 마지막 책임자가 바로 연개소문이었어."

'연개소문'이라는 말에 장하다가 교탁 앞까지 목을 쑥 늘였다.

"이 무렵 고구려의 신하들은 당나라와 친하게 지내자는 이들과 강하게 맞서야 한다는 이들로 나뉘어 있었어. 물론 연개소문은 천리장성을 짓고 있던 사람인 만큼 당나라에 머리를 숙여선 안 된다는 입장이었지. 그런데 반대쪽 신하들이 영류왕을 설득해서 연개소문을 없앨 계획을 세운 거야."

"어마, 어떡해!"

"하지만 이런 낌새를 미리 알아챈 연개소문이 한발 앞서 움직였어. 연개소문은 큰 잔치를 열어 많은 신하들을 초대한 다음, 군사들을 풀어 모두 죽여 버렸어. 그 뒤 궁으로 달려가 영류왕마저 살해하고 영류왕의 조카를 왕위에 앉혔어. 바로 보장왕이야."

"어휴, 너무 잔인해."

"가만히 있으면 자기가 먼저 죽게 될 판이잖아. 그러니까 연개소문도 어쩔 수 없었던 거 아닐까?"

"그래도 신하들을 다 죽이고 왕까지 죽인 건 말이 안 돼."

"보장왕은 연개소문이 무서워서 시키는 대로만 했겠지?"

아이들이 조용해지기를 기다려 용선생이 다시 말문을 열었다.

 나선애의 개념 사전

**대막리지**
원래 연개소문의
벼슬은 '막리지'였는데,
권력을 손에 넣은
뒤 '대막리지'라는
관직을 새로 만들었어.
대막리지는 행정은
물론 군사권까지
모두 장악한 최고
벼슬이었어.

"연개소문은 스스로 대막리지라는 최고의 벼슬자리에 오른 뒤 모든 권력을 움켜쥐었어. 보장왕은 그야말로 허수아비 왕이었던 셈이지. 그 뒤 고구려는 당나라에 사신을 보내서 은밀히 당나라 사정을 알아 오도록 했어. 그랬더니 당나라에 다녀온 신하들이 말하길, 아무래도 곧 태종이 고구려를 공격해 올 것 같다고 하는 거야. 고구려는 당나라의 공격을 대비해서 철저히 준비했어."

 ## 당나라 태종, 안시성에서 무릎을 꿇다

"정말 당나라가 쳐들어왔어요?"

두기가 조심스레 물었다.

"응. 연개소문이 권력을 잡은 지 3년째 되던 해인 645년의 일이었어. 그런데 태종이 고구려를 공격하면서 내세운 구실이 뭐냐면, 영류왕을 죽인 연개소문을 벌주겠다는 거였어."

"쳇! 태종은 자기 형제들을 죽이고 왕위에 올랐다면서요?"

"그러니까 연개소문을 벌주러 왔다는 건 그저 고구

려를 침략하기 위한 핑계였던 거지. 하여간 당나라군은 엄청난 기세로 요동성까지 밀어닥쳤어."

"요동성? 수나라 양제가 몇 달 동안이나 공격했다 실패한 곳 아닌가요?"

선애의 말에 용선생이 고개를 끄덕였다.

"그래서 당나라군은 '포차'라는 무기를 썼어. 포차는 180 킬로그램이나 되는 돌을 250미터까지 날려 보낼 수 있는 강력한 무기야. 이 포차가 날린 바윗덩어리는 요동성 성곽을 허무하게 무너뜨려 버렸어. 게다가 강풍이 불자, 당나라 군사들이 쏜 불화살은 요동성을 불태우기 시작했어. 고구려군과 성안의 백성들은 끈질기게 버텼지만, 요동성은 결국 당나라 군사들에게 함락되고 말았지."

포차 무거운 돌을 쏘아 올리는 기구야. 바퀴가 달려 있어서 어디든지 쉽게 이동할 수 있었지.

"으! 안 돼!"

장하다와 허영심이 동시에 외쳤다.

"요동성에서 50만 석이나 되는 곡식을 챙긴 당나라군은 다시 백암성으로 향했어. 백암성은 제대로 싸워 보지도 않고 그냥 두 손들고 항복을 했지. 한층 기세가 등등해진 당나라군은 이제 안시성을 향해 달려갔어. 안시성을 무너뜨린 다음 평양성을 공격하려 했던 거지."

아이들 사이에서 작은 탄식이 흘러나왔다.

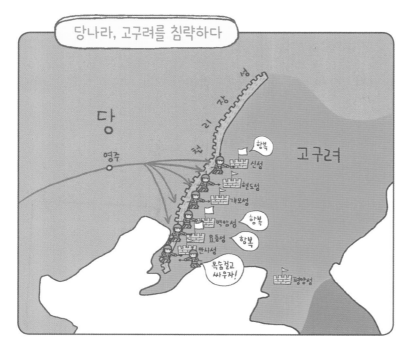

당나라, 고구려를 침략하다

당

영주

함복

신성

현도성

개모성

백양성

함복

요동성

항복

안시성

목숨걸고
싸우자!

고구려

평양성

"당나라군은 안시성을 완전히 포위하고 하루에도 여섯 일곱 번씩 온갖 무기들을 앞세워 공격을 퍼부었어. 하지만 안시성은 그리 호락호락한 곳이 아니었지. 안시성의 성주와 군사들, 백성들은 하나로 똘똘 뭉쳐 성을 지켰어. 아무리 공격해도 함락될 기미가 보이지 않자 태종은 안시성 바깥쪽에 커다란 흙산을 쌓으라고 명령했어."

"갑자기 흙산은 왜 쌓아요?"

곽두기가 고개를 갸웃거리며 물었다.

"흙산을 성벽보다 높게 쌓은 다음, 그 위에서 성안을 굽어보며 공격하겠다는 계획이었어. 워낙 군사의 수가 많으니 이런 계획도 가능했던 거지. 당나라군 50만 명은 60일 동안 열심히 흙을 퍼다 날라서 거대한 흙산을 쌓았어. 근데 거의 완성될 즈음 흙산의 일부가 무너져 내렸지 뭐야. 그러자 성안에 있던 고구려 군사들이 몰려나와 아예 흙산을 빼앗아 버렸어."

"야호!"

"으하하! 쌤통이다!"

왕수재와 장하다가 다시 마주 보고 씩 웃었다.

"60일 동안이나 고생해서 쌓은 흙산을 빼앗기자 당나라군의 사기
는 점점 떨어져 갔어. 게다가 그 사이에 계절이 바뀌어 어느덧 겨
울이 되었지. 결국 태종은 안시성을 포기한 채, 지친 군사들을 데
리고 돌아가기로 했어. 그런데 이 대목에서 또 재미난 이야기가 전
해져. 태종은 안시성 군사들이 후퇴하는 당나라군을 쫓아와 공격하

지 않을까 불안했대. 하지만 안시성 성주는 오히려 성 꼭대기에서 태종에게 예를 갖추며 잘 가라는 인사를 전했다지. 태종은 그에게 진심으로 감탄한 나머지 비단 100필을 선사했다는구나."

"안시성 성주란 사람 진짜 멋지네요?"

"우와아! 고구려, 또 이겼다!"

장하다가 옆에 있는 곽두기를 꽉 끌어안았다. 숨이 막힌 곽두기 가 켁켁거렸지만, 장하다는 아랑곳하지 않은 채 계속 소리를 질러 댔다.

"아이구, 하다야! 이제 두기 좀 놔줘라. 하하! 당나라 태종은 그 뒤에도 몇 차례나 고구려를 공격해 왔지만 번번이 실패했어. 훗날 태종은 죽기 전에 '고구려는 쉽게 이길 수 있는 상대가 아니니 다시 는 고구려를 정벌하지 마라'는 유언을 남겼대."

##  고구려, 민족의 방파제

"휴우~ 전 솔직히 당나라가 이길 줄 알았어요."

허영심의 말에 곽두기가 "누나, 나도" 했다.

"고구려는 무려 60년이 넘도록 수나라, 당나라와 전쟁을 했어. 당 시 세계에서 가장 강한 나라들 중 하나였던 수나라, 당나라와 연이

은 전쟁을 벌이면서도 끝까지 막아 낼 수 있었던 비결이 뭘까?"

"을지문덕 같은 훌륭한 장군, 또 용감한 군사들이요!"

"그럼, 그럼! 원래 고구려가 강했잖아요! 강하니까 이긴 거죠!"

"제 생각에는 고구려가 성을 쌓았던 게 큰 도움이 된 것 같아요. 성안에서 버티면서 공격을 막아 낼 수 있었으니까요. 만약 성이 없었다면, 청야수성 작전도 쓰지 못했을 거예요."

"아무리 성이 튼튼하고 작전을 잘 짜도 고구려 사람들이 똘똘 뭉치지 않았다면 승리할 수 없었을걸? 그렇지 않니?"

시키지 않아도 줄줄이 대답하는 아이들을 보며 용선생의 입이 양옆으로 쫙 벌어졌다.

"어유, 똘똘한 내 제자들!"

"선생님! 그런데 고구려는 왜 그렇게 다른 나라랑 전쟁을 많이 해요?"

영심이 손을 살짝 들어 올리며 물었다.

"고구려는 중국 대륙과 맞붙어 있잖아. 고구려는 700년 이상 이어진 나라였는데, 그 기간 동안 중국 대륙에서는 무수히 많은 나라들이 생겨났다 없어지기를 반복했어. 이렇게 국경을 맞대고 있는 나라들이 많다 보니 자연히 전쟁을 많이 치를 수밖에 없었던 거지. 실제로 고구려는 우리 역사상 다른 나라와 가장 많은 전쟁을 치렀던 나라야."

“백제랑 신라는 고구려한테 고마워해야 할 것 같아요.”

나선애의 말에 용선생이 눈을 동그랗게 떴다.

“왜?”

“고구려의 힘이 셌으니 망정이지, 안 그랬으면 중국에 있던 많은 나라들이 백제랑 신라를 엄청 괴롭혔을 거 아니에요?”

“오! 맞는 말이야. 고구려가 버티고 있지 않았다면 백제와 신라가 수나라나 당나라와 전쟁을 벌였을지도 모르지. 의도했던 건 아니겠지만, 고구려는 우리 민족을 위기에서 여러 번 구한 나라였어. 그런 뜻에서 고구려를 ‘민족의 방파제’라고 부르기도 해.”

용선생의 말이 끝나기가 무섭게 장하다가 벌떡 일어났다.

“좋아! 나도 오늘부터 역사반의 방파제가 되겠어요!”

아이들이 멍하니 장하다를 올려다보았다.

“우리 역사반을 놀리는 애들은 절대 가만두지 않을 테다! 얘들아, 걱정 마. 너희들은 나만 믿어!”

장하다가 입으로 ‘슉슉’ 바람 소리를 내며 허공에 주먹을 날렸다. 그러자 왕수재가 고개를 설설 흔들며 말했다.

“쯧쯧…… 네 역사 상식이나 잘 챙겨. 을지문덕이랑 연개소문이 누군지도 몰라서 중국 사람 아니냐고 했다며? 아, 창피해서 원!”

“응? 드, 들었어? 나, 역사반 방파제! 앞으론 절대 그런 일 없다! 헤…… 헤헤.”

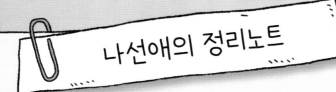

# 나선애의 정리노트

## 1. 수나라 VS 고구려

| 수나라 | VS | 고구려 |
|---|---|---|
| 문제의 중국 통일 | 589년 | |
| 문제의 고구려 침공 | 598년 | 영양왕의 수나라 공격(요서 침공) |
| 양제 즉위 | 604년 | |
| 양제의 고구려 침공 | 612년 | 청야수성 작전 + 을지문덕(살수 대첩) |
| 수나라 멸망 | 618년 | |

## 2. 당나라 VS 고구려

| 당나라 | VS | 고구려 |
|---|---|---|
| 이연의 당나라 건국 | 618년 | 영류왕 즉위 |
| 태종의 중국 통일 | 628년 | |
| | 631년 | 천리장성을 쌓기 시작 |
| | 642년 | 연개소문의 권력 장악 + 보장왕 즉위 |
| 태종의 고구려 침공 | 645년 | 안시성 전투에서 승리! |
| 당 태종 사망 | 649년 | |

## 3. 가장 유명한 전투!

✦ 살수 대첩 : 을지문덕이 이끄는 고구려군이 수나라군을 살수에서 물리침

✦ 안시성 전투 : 안시성의 성주와 군사들, 백성들이 당나라군을 물리침

**용선생의 역사 카페**

역사계의 슈퍼스타,
용선생의 역사 카페에
오신 걸 환영합니다

Log in

게시판 ⌄

- 역사가 제일 쉬웠어용!
- 이제는 더~ 말할 수 있다!
- 필독! 용선생의 매력 탐구
- 전교 1등 나선애의 비밀 노트

# 온달은 정말 바보였을까?

고구려의 제25대 왕인 평강왕(평원왕) 시절의 일이야. 어느 마을에 온달이라는 사람이 살았는데, 얼굴이 못생기고 집이 가난해서 사람들이 바보라고 놀렸대. 그런데 그 소문이 임금님 귀에까지 전해졌나 봐. 평강왕에게는 툭하면 울음을 터뜨리는 어린 공주가 있었는데, 평강 공주라고 불렸어. 평강 공주가 울 때마다 왕은 "이렇게 울음이 많으니 좋은 집안에 시집보내기는 어렵겠구나. 바보 온달에게나 시집보내야겠다!" 하며 놀렸대.

시간이 흘러 공주가 결혼할 나이가 되자, 임금님은 공주를 높은 신분의 귀족 가문에 시집보내려고 했어. 그런데 평강 공주가 임금님이 거짓말을 해서는 안 된다며, 자신은 온달하고 결혼하겠다고 하는 거야! 자기 말을 듣지 않는 공주에게 화가 난 임금님은 공주를 궁궐 밖으로 쫓아내 버렸어.

온달을 찾아간 평강 공주는 온달을 설득해 그와 결혼했어. 그리고 궁궐에서 가지고 나온 값비싼 물건들을 팔아 집과 밭, 노비 등을 다 샀대. 그뿐만 아니라 평강 공주는 온달이 열심히 공부하고 무예를 익히도록 최선을 다해 도왔어. 열심히 무예를 익힌 온달은 전쟁터에서 용감하게 싸워 큰 공을 세웠어. 그랬더니, 마침내 평강왕이 "온달은 나의 사위다!"라며 자랑스러워했대. 그 뒤 온달은 왕의 사위로 인

정받고 높은 벼슬을 받아 고구려의 지배층이 될
수 있었어.

정말 대단하지 않니? 바보라고 놀림 당하던 온달
이 뛰어난 장수가 되고, 왕의 사위가 되다니 말
이야. 그러고 보니 좀 궁금증이 생기긴 해. 온달,
정말 바보였던 걸까?

아무래도 이 이야기에는 과장이 조금 섞여 있는
것 같아. 고대에는 가난뱅이 백성이 왕의 사위가 되는 건 생
각하기 어려운 일이었거든. 그래서 학자들은 온달이 정말
바보에 가난뱅이 백성이었다고 생각하지는 않아. 아마도 하
급 귀족 정도는 아니었나 싶어. 온달이 유명해지니까 이 이
야기가 백성들 사이에 퍼지면서, 사람들이 더 좋아할 만한
'가난한 백성의 인생 역전 스토리'가 만들어진 것은 아닐까?

**단양 온달 산성**
충청북도 단양에 있는
삼국 시대의 산성이야. 온달이
이곳에서 전사했다는 전설이
있어서 '온달 산성'이라고 불러.

---

 COMMENTS

허영심 : 온달과 평강 공주는 그 뒤에 오래오래 행복하게 잘 살았나요?

용선생 : 온달은 훌륭한 장군이 되었는데 신라와의 전투에서 안타깝
게 목숨을 잃고 말았어. 장례를 치르려고 하는데, 죽은 온달
이 너무나도 원통해 한 나머지 관이 움직이질 않았대. 공주가
나서서 "죽음과 삶이 결정되었으니, 이제 그만 가시지요."라
고 달래자 그제야 관이 움직여 장례를 치렀다고 해. 삶과 죽
음을 넘어선 두 사람의 애틋한 사랑이 참 가슴 아프구나……

# 한국사 퀴즈 달인을 찾아라!

출발!

## 01 ★☆☆☆☆

수나라, 당나라가 여러 번 고구려로 쳐들어와서 정리가 잘 안 돼. 어떤 나라가 언제 쳐들어왔는지 적어 줄래?

| 598년 | ○○○의 고구려 침공 |
|---|---|
| 612년 | ○○○의 고구려 침공 |
| 645년 | ○○○의 고구려 침공 |

## 02 ★★☆☆☆

당나라 군대가 안시성을 공격했을 때, 고구려 사람들은 힘을 모아 성을 굳게 지켜 냈어. 그러자 당나라군은 안시성 바깥에 무언가를 쌓기 시작했어. 당나라군이 60일 동안 쌓은 이것은 무엇일까? (          )

① 성벽   ② 돌산   ③ 흙산   ④ 블록

## 03 ★★☆☆☆

영류왕과 귀족들을 죽이고 최고의 벼슬에 올랐던 사람은 누구일까? 또 그가 공사를 책임졌던 성의 이름은 무엇일까? (          )

① 연기소문–만리장성   ② 연개소문–천리장성
③ 천개소문–만리장성   ④ 입소문–천리장성

달인 트로피

도착!

# 05 ★★★★★

고구려는 16년에 걸쳐 천리장성을 쌓았어. 이 천리장성을 쌓기 시작한 시기를 연표에서 옳게 고른 것은 무엇일까? (          )

| | 589년 | | 612년 | | 628년 | | 642년 | | 645년 | |
|---|---|---|---|---|---|---|---|---|---|---|
| | | (가) | | (나) | | (다) | | (라) | | |

수나라,
중국 통일       살수 대첩       당나라,       연개소문,       안시성
                          중국 통일       권력 장악       전투

① (가)          ② (나)          ③ (다)          ④ (라)

# 04 ★★★☆☆

앞에서 본 글과 그림이지? 무슨 일과 관련이 있는 건지 좀 알려 줄래? (          )

그대의 신통한 계책은 하늘의 이치를 알고,
오묘한 전술은 땅의 이치를 아네.
전쟁에 이겨서 이미 공이 높아졌으니,
그만 만족하고 돌아가시는 것이 어떠리오.

① 나제 동맹          ② 안시성 전투          ③ 고조선 건국          ④ 살수 대첩

• 정답은 259쪽에서 확인하세요!

# 2교시

# 삼국은 어떻게 하나로 통일되었을까?

고구려, 백제, 신라는 600년이 넘도록 공존했던 나라들이야.
세 나라는 시기마다 서로 앞서거니 뒤서거니 하면서도 힘의 균형을 지켜 나갔단다.
하지만 7세기에 들어 이 균형은 점차 무너지고 세 나라의 운명도 갈리기 시작했어.
마지막 승자는 세 나라 중에서 가장 늦게 발달한 신라였단다.
신라는 어떻게 삼국 통일을 이루었을까? 삼국 통일은 어떤 의미를 갖고 있을까?

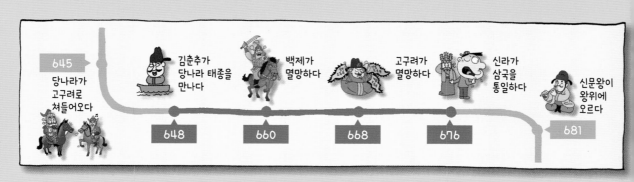

645 당나라가 고구려로 쳐들어오다

김춘추가 당나라 태종을 만나다

백제가 멸망하다

고구려가 멸망하다

신라가 삼국을 통일하다

신문왕이 왕위에 오르다

648　　660　　668　　676　　681

태종 무열왕릉비

알고 있는 용어에 체크해 보자!

☐ 김춘추     ☐ 나당 동맹     ☐ 황산벌 전투

☐ 매소성 전투     ☐ 기벌포 전투     ☐ 삼국 통일

"얘들아, 안녕!"

오늘도 쾌활한 표정으로 인사를 건넨 용선생이 아이들을 휘둘러 보았다.

"오늘은 우리 역사를 뒤흔든 엄청난 사건에 대해 알아볼 거야. 고구려, 백제, 신라가 힘을 겨루던 삼국 시대가 끝이 나고 세 나라가 하나로 통일되거든!"

용선생의 말에 장하다가 손을 번쩍 들었다.

"알아요, 삼국 통일! 김유신 장군님이 통일한 거잖아요!"

그러자 왕수재가 피식 웃으며 장하다에게 얼굴을 바짝 들이댔다.

"모르면 그냥 가만히 있어. 삼국 통일은 사실 김춘추가 해낸 거라고. 신라 최고의 수재! 타고난 외

삼국 통일 하면 김유신!

무슨 소리, 김춘추가 짱이지!

교관! 김춘추, 몰라?"

"어, 잘 모르는데?"

거리낌 없는 장하다의 대답에 할 말을 잃은 왕수재는 "으휴~." 하고 말 뿐이었다.

"얘들아, 금방 너희가 말한 김유신과 김춘추 모두 삼국 통일을 앞 장서서 이끈 인물들이야. 하지만 두 사람만 기억하는 건 좀 섭섭하 지. 세 나라가 하나로 합쳐지기까지 얼마나 많은 이야깃거리들이 있었는데?"

용선생은 아이들 가까이 다가가 빈 책상 위에 걸터앉았다. 뭔가 재미난 이야기들이 쏟아져 나올 것 같은 기대감에 조용해진 아이들 이 용선생을 향해 귀를 쫑긋 세웠다.

 ## 신라, 당나라와 손을 잡다

**허영심의 인물 사전**

**의자왕**(?~660)
백제의 31대 왕이야. 〈서동요〉로 유명한 무왕의 맏아들로 어린 시절부터 인자하고 용맹스러워 백성들의 기대를 한 몸에 받았어.

"지난 시간에 고구려와 당나라 사이에서 벌어진 전쟁에 대해 배 웠지? 고구려가 싸움을 계속하는 동안, 백제와 신라도 서로 아옹다 옹 다투고 있었어. 신라에게 한강을 빼앗긴 백제가 주로 신라를 공 격하곤 했지. 두 나라 사이에 돌이킬 수 없는 싸움이 시작된 것은 642년의 일이었어. 백제의 의자왕이 군사를 이끌고 신라로 쳐들어

가서는 순식간에 신라의 성을 40여 개나 빼앗은 거야."

"의자왕이요? 이름 참 특이하시네요. 의자에만 앉아 계셨나? 히히."

"하다야, 그 의자가 아니라…… '의롭고 자애롭다'는 뜻을 가진 이름이야. 의자왕은 효심이 깊고 형제들을 아끼는 마음이 커서 왕이 되기 전부터 '해동증자'라고 불렸대. '증자'는 효성이 지극하기로 이름났던 중국의 유학자 이름이야. '해동'은 중국을 중심으로 놓고 봤을 때 바다 동쪽에 있는 우리 땅을 말하는 거고."

"어이쿠, 그런 왕이 신라에 쳐들어갔어요? 가족들한텐 잘했어도 신라한텐 인정사정없었네요."

"그야 의자왕에겐 신라와 싸워서 이기는 것이 조상들의 원수를 갚아 주는 일이나 마찬가지였을 테니까. 갑작스레 성을 수십 개나 뺏긴 신라가 어쩔 줄 몰라 하는 사이에, 이번엔 백제의 윤충 장군이 다시 신라의 대야성을 공격했어. 대야성의 성주인 김품석은 성을 지키려 안간힘을 썼지만, 백제군의 기세를 당해 낼 수가 없었어. 김품석은 아내와 함께 백제군에게 항복을 했어. 하지만 윤충은 그들의 목을 베어 버렸지. 백제군이 대야성을 차지하고 항복한 성주와 아내를 죽였다는 소식을 들은 신라 왕실은 발칵 뒤집혔어! 왜냐? 대야성은 지금의 경남 합천 지역인데, 거긴 백제와 신라를 잇는 길목이었거든. 그런 대야성이 넘어갔다는 건 백제군이 신라의 코앞까지 밀어닥쳤다는 뜻이었지. 그리고 또 하나, 이때 목숨을 잃은 대야성 성주의 아내는 김춘추의 딸이었어. 김춘추가 누군지는 아까 수재가 대충 얘기했지?"

백제가 신라를 공격하다

왕수재가 잽싸게 말을 받았다.

"신라에서 제일 똑똑했던 외교관! 선덕 여왕의 조카! 태종 무열왕! 또, 삼국 통일의 진짜 주인공 아니겠습니까?"

"맞다, 맞아. 차근히 따져 보자고. 이때 신라의 왕은 선덕 여왕이었어. 수재 말대로 김춘추는 선덕 여왕이 둘도 없이 믿고 아끼는 조카였지. 또 당시 신라 최고의 장수였던 김유신하고는 처남, 매부 사이였어. 나중 일이지만 둘 사이에는 다시 한번 가족 관계가 생겨서 두 사람은 서로 떼려야 뗄 수 없는 사이가 되었지."

"그게 무슨 말이에요?"

곽두기가 어리둥절한 표정으로 물었다.

"먼저 김춘추는 김유신의 여동생과 혼인했어. 김춘추가 김유신의 매부가 된 거지. 김유신은 싸움에 나갈 때마다 지는 법이 없는 뛰어난 장수였지만 망한 가야 출신이라는 약점이 있었거든. 그래서 일부러 자기 여동생을 신라 왕족인 김춘추와 혼인시켰다고 해. 그런데 나중에 김유신은 김춘추의 딸과 혼인했어. 이번엔 김유신이 김춘추의 사위가 된 거야."

"매부의 딸……? 그럼 김유신이 자기 조카랑 결혼했다고요?"

나선애가 소리치자, 허영심도 말도 안 된다는 듯 고개를 살래살래 흔들었다.

"김유신과 결혼한 김춘추의 딸이 김유신 동생이 낳은 딸인지는 알 수 없어. 그러니까 김춘추가 김유신의 동생 말고 다른 부인이 있었을 수도 있다는 얘기지. 그리고 지금이야 있을 수 없는 일이지만, 신라의 왕족이나 귀족들 사이에서는 친척끼리 혼인하는 일이 더러 있었거든. 어쨌건 김춘추는 이렇게 안팎으로 든든한 배경을 갖고 있을 뿐 아니라, 그 자신이 매우 뛰어난 인재였어. 특히 상황 판단이 빠르고 말을 잘해서 외교 수완이 아주 좋았지. 그 덕에 수재 말대로 나중에 태종 무열왕이 될 수 있었고, 삼국 통일의 기반을 닦을 수 있었어."

"이제 알겠어요. 그런 김춘추의 딸이 백제군의 손에 죽었으니까 김춘추가 직접 나섰겠군요?"

"그래! 하여간 선애는 핵심을 놓치는 법이 없구나. 아끼던 딸을 잃은 김춘추는 꼭 자기 손으로 백제를 무너뜨리겠다고 다짐했어. 하지만 신라에겐 그만한 힘이 없었지. 김춘추는 고구려의 도움을 받아야겠다고 생각하고 선덕 여왕에게 그 뜻을 전했어. 왕의 허락을 받은 김춘추는 직접 고구려를 찾아가서 군대를 보내 달라고 청했어. 하지만 결국 그의 계획은 실패로 돌아갔지. 고구려에서 신라를 돕는 대가로 진흥왕 때 빼앗아 간 옛 고구려 땅을 내놓으라고 하는 바람에, 오히려 곤란한 입장이 되고 말았거든. 이때 고구려의 왕은 보장왕이었어. 보장왕이 이름뿐인 허수아비 왕이었다는 것 기억하고 있지? 실제로 권력을 쥔 것은 연개소문이었잖아. 일부러 받아들이기 힘든 제안을 해서 김춘추를 곤란하게 만든 것도 연개소문이었지. 이 제안을 거절했다가 감옥에 갇히기까지 한 김춘추는 자신이 신라로 돌아가면 책임지고 그렇게 하겠노라고 약속을 한 뒤에

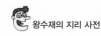 왕수재의 지리 사전

**고구려 땅**
신라가 고구려로부터 빼앗은 마목현과 죽령 땅으로 지금의 소백산맥 북쪽의 영토를 말해. 온달 장군도 이 땅을 되찾기 위한 전투에 참여했다고 해.

〈보련도〉 당나라의 태종이 토번(오늘날의 티베트) 사신을 접견하는 모습을 그렸어. 태종은 주변 나라들을 모두 굴복시켰지만, 645년 고구려와의 전쟁에서 대패해 체면을 구기고 말았어.

야 겨우 풀려났어."

"그럼 고구려한테 땅을 돌려줬단 말이에요?"

"아니, 사실 김춘추는 약속을 지킬 생각이 없었어. 일단 위기에서 벗어나기 위해 꾀를 냈던 거지."

"헤…… 복잡하네."

저도 모르게 입이 벌어진 장하다가 중얼거렸다.

"신라로 돌아온 김춘추는 당나라로 눈을 돌렸어. 고구려엔 더 이상 기대할 것이 없으니 당나라의 힘이라도 빌려야겠다고 생각한 거야. 김춘추는 다시 당나라 태종을 찾아가서 신라가 위태로우니 군사를 보내 달라고 했어. 이번에는 성공이었지. 태종은 선선히 군사를 보내 주겠다고 했어."

"이상하네. 당나라가 왜 신라를 도와요? 아무 이유도 없이?"

허영심이 의혹에 찬 눈초리를 보내며 종알거렸다.

"그래, 이유가 없었을 리가 있겠니. 당나라는 신라와 손을 잡고 일단 백제를 친 뒤, 고구려까지 정복하겠다는 계산을 한 거야. 일이 술술 풀리면 신라까지 손에 넣을 수 있겠다는 속셈도 있었고. 김춘추라고 이런 당나라의 속셈을 모를 리 없겠지만, 그에겐 신라가 백제보다 큰 힘을 갖는 게 먼저였어. 결국 이렇게 해서 신라와 당나라는 손을 잡고 백제와 고구려를 치기로 했어. '나당 동맹'이 맺어진 거지."

"으, 이거 불안해지는데?"

장하다의 말에 허영심도 "그러게." 하며 걱정스런 표정을 지었다.

 ## 백제와 함께 스러져 간 계백의 결사대

"자, 이렇게 김춘추가 고구려로, 당나라로 뛰어다니는 사이에 시간은 훌쩍 흘러갔어. 그동안 선덕 여왕이 죽고 그 뒤를 이었던 진덕 여왕도 세상을 떠났지. 이제 신라에서 가장 강한 왕족이 김춘추라는 점을 모르는 사람은 아무도 없었어. 654년, 김춘추는 왕위에

 **허영심의 인물 사전**

**진덕 여왕(?~654)**
신라 28대 왕으로, 이름은 승만이야. 선덕 여왕의 사촌 동생이었는데 선덕 여왕의 뒤를 이어 신라의 두 번째 여왕이 되었어.

올랐어. 바로 신라의 29대 왕인 태종 무열왕이야. 이때부터 신라는 전쟁 준비에 온 힘을 쏟았어. 그리고 660년, 마침내 신라와 당나라의 연합군이 백제를 공격했어. 신라에서는 김유신이 이끄는 5만의 군사가, 당나라에선 소정방이 이끄는 13만의 군사가 나란히 백제를 향해 쳐들어갔지."

"하, 어떡해!"

영심이 두 손을 모아 쥐며 낮게 소리쳤다.

"이 소식을 들은 의자왕은 깜짝 놀랐어. 의자왕은 신라가 이렇게까지 치밀하게 백제를 공격할 준비를 하고 있는 줄은 몰랐거든. 왕과 신하들이 정신없이 우왕좌왕하는 사이, 당나라군은 금강 어귀까지 밀어닥쳤고 신라군도 백제 땅 깊숙이 쳐들어왔어! 그대로 가다간 수도인 사비성이 공격당할 판이었지! 다급해진 의자왕은 계백 장군을 불렀어.

'장군, 백제의 운명이 그대 손에 달렸소! 어서 가서 신라 군사들을 막으시오!'

계백은 급히 병사들을 불러 모았어. 그냥 병사들이 아니라 죽을 각오가 되어 있는 결사대를 꾸렸지. 계백과 5천 명의 결사대는 지금의 논산 지역인 황산벌로 달려가 진을 치고 신라군을 맞았어."

그때 나선애가 "잠깐만요!" 하며 용선생의 말을 막았다.

"5천이라고요? 신라 군사는 5만이라면서요. 아무리 결사대라지

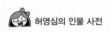

**허영심의 인물 사전**

**계백(?~660)**
백제의 장군으로 벼슬이 달솔(백제 16관등 중 두 번째 관등)에 이르렀어.

만 5천 명으로 어떻게 5만 명을 막아요?"

"그래. 계백의 군사들은 한 사람당 열 명의 적과 싸워야 되는 셈이었지. 그러니 계백 장군도 이길 수 없는 싸움이라는 것을 이미 알고 있던 것 같

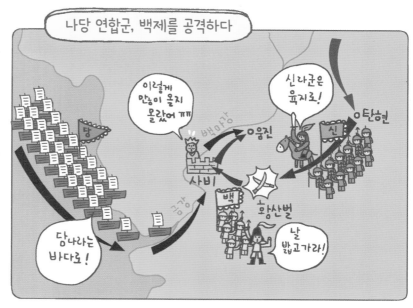

아……. 전쟁터로 떠나기 전, 그는 가족들을 모두 자신의 칼로 베어 버렸거든."

"헉, 그게 무슨 소리예요?"

"가족들을 왜, 왜 죽이죠!"

아이들이 눈을 동그랗게 떴다.

"계백이 이기지 못하면 백제는 그대로 무너질 게 뻔했어. 그러니 마지막 전투를 치르러 가는 장군으로서 자기 가족들이 적들에게 붙잡혀 노비가 되게 하느니 명예롭게 죽음을 맞도록 하겠다는 뜻이 아니었을까? 그가 살아 돌아올 생각을 하지 않고 전쟁터에서 싸우다 죽기로 작정했다는 뜻이기도 하고. 이 사실을 안 병사들은 더욱 매섭게 각오를 다졌어."

잔뜩 긴장한 아이들은 숨소리조차 내지 않았다.

"드디어 황산벌에서 백제와 신라의 군사들이 맞붙었어. 그런데 놀랍게도 백제군은 신라군과 싸워서 네 번이나 승리를 거뒀어! 이미 자기 목숨이 아깝지 않았던 계백과 결사대에게는 거칠 것이 없었거든. 10분의 1밖에 안 되는 백제군에게 번번이 진 신라 군사들의 사기는 완전히 바닥으로 떨어져 버렸지."

"오오, 최고다⋯⋯! 계백! 계백!"

장하다가 양손을 치켜들고 계백의 이름을 외쳐 댔다. 순식간에 계백에게 반해 버린 모양이었다.

황산벌의 계백! 그가 묻힌 곳은?

용선생 현장 강의

"그런데 그때 싸움의 형세를 뒤집을 만한 일이 벌어졌어. 신라의 화랑 관창이 혼자서 백제 진영으로 말을 타고 뛰어든 거야. 관창은 금세 백제 군사들에게 붙잡혔어. 계백은 혼자서 적진에 뛰어든 용감한 신라 병사의 얼굴이 궁금했어. 투구를 벗기자 고작 열여섯 살인 관창의 앳된 얼굴이 드러났지. 계백은 아무리 전쟁터지만, 어린 소년을 죽이고 싶지 않았어. 그래서 그냥 돌려보냈지."

"계백 장군님은 마음도 넓으셨구나!"

장하다가 싱글거리며 말했다.

"그런데 신라 진영으로 돌아온 관창이 투구를 쓰고 말에 오르는가 싶더니, 그대로 다시 백제 진영으로 달려가는 거야! 잔뜩 주눅이 들어 있던 신라 병사들은 그 모습을 보고 웅성거리기 시작했어. 이번에도 관창은 금방 붙잡혔지. 계백이 관창에게 물었어.

'다시 살려 주면 또 올 것이냐?'

'물론이오!'

그 뜻을 받아들인 계백은 관창의 목을 베라고 명령했지. 백제군은 관창의 머리를 말 안장에 매달아 신라 진영으로 돌려보냈어."

"히잉⋯⋯."

곽두기가 울상을 지으며 장하다의 소매를 꽉 잡았다.

신라의 투구와 창 투구는 두 장의 철판을 맞붙여 단단하게 만들었어. 창은 날이 돌출되어 있고, 자루를 끼우기 위한 구멍이 뚫려 있어.

"그 모습을 본 신라 군사들의 가슴엔 화르르 불길이 일었어. 너도 나도 '좋다! 우리도 목숨을 걸고 싸우자!' 하는 심정이었지. 다시 싸움이 붙었어. 이번에도 계백과 결사대는 열심히 싸웠지만, 사기가 오른 신라군을 당할 순 없었어. 싸움은 계백과 5천의 결사대 대부분이 목숨을 잃은 것으로 끝이 났지."

"너무 슬픈 싸움이다."

"아…… 계백 장군님!"

"백제는 이제 가망이 없는 거네."

**낙화암** 충청남도 부여 부소성(옛날의 사비성)에 있는 바위야. 백제가 나당 연합군의 공격을 받았을 때 궁녀들이 이 바위에서 아래 보이는 백마강으로 뛰어들었다고 해. 그 모습이 마치 꽃이 떨어지는 것 같다고 해서 낙화암이라는 이름이 붙여졌지.

아이들이 콩닥거리는 가슴을 가라앉히며 한마디씩 했다.

"660년, 마침내 신라군과 당나라군은 백제의 수도 사비성을 차지했어. 웅진성에 피신해 있던 의자왕도 몇 달 뒤에 항복을 하고 말았지. 당나라군은 의자왕과 왕족들, 백제 백성들 1만여 명을 당나라에 포로로 끌고 갔어."

"이제 백제는 완전히…… 망했네요."

"응. 백제는 망했지. 하지만 무너진 백제를 다시 일으켜 세우려는 이들이 적지 않았어. 흑치상지 장군, 의자왕의 사촌 동생인 복신, 일본에 있던 의자왕의 아들 부여풍 같은 이들이 백제를 부흥시키기 위해 앞장섰지. 이들은 각자 병사들을 모아서 무려 4년 동안이나 신라와 당나라에 맞섰는데, 그동안 몇 번이나 사비성과 웅진성을 포위할 정도로 기세가 대단했어. 하지만 이들의 역할도 거기까지였어. 복신과 부여풍 왕자 사이에 다툼이 벌어지자, 나당 연합군이 기습 공격을 한 거야. 이때 왜는 백제 부흥군을 돕기 위해 2만 명이 넘는 군사를 보냈어."

정림사지 오층 석탑에 새겨진 '대당평백제국비' 당나라 장수 소정방은 백제의 수도 사비에 있는 정림사지 5층 석탑의 몸돌에 당나라가 백제를 평정했다는 글을 새겨 넣었어. 정림사지 5층 석탑은 충청남도 부여에 있어. 높이 8.33m, 국보.

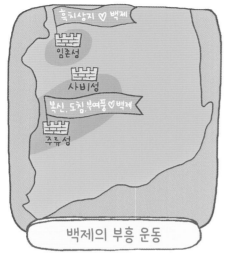

백제의 부흥 운동

"왜? 왜면 일본이죠? 근데 어째서 왜가 백제를 도와요?"

"의자왕의 아들인 부여풍이 왜에 있었다고 했잖니? 그만큼 백제와 왜는 아주 가까운 사이였어. 이때 보낸 군사들도 당시로서는 왜의 국력을 총동원한 규모였지."

"그래서 어떻게 됐어요?"

"백강(금강 입구)에서 백제 부흥군과 왜, 그리고 신라와 당나라, 네 나라의 군대가 숨막히는 전투를 벌였지. 이 싸움에서 이긴 것은 나당 연합군이었고. 이후 백제 부흥군은 힘없이 무너지고 말았어."

 힘없이 열리고 만 고구려의 성문

"다음은 고구려 차례네요?"

나선애의 말에 장하다가 "응? 그럼 안 되는데!" 하고 소리쳤다.

"하지만 하다야, 역사는 돌이킬 수 없는 걸 어쩌겠니. 백제가 망한 뒤 당나라는 부랴부랴 고구려를 공격했어. 워낙 강하게 단련되어 있던 고구려군은 그리 쉽게 당하진 않았지. 그러다 몇 년 뒤, 권력을 한 손에 틀어쥐고 있던 연개소문이 세상을 떠나게 되었단다.

그런데 연개소문은 무슨 예감이라도 있었던 건지, 죽기 전에 세 아들을 불러 모았어. 그리고 이렇게 신신당부했지.

'너희는 부디 물고기와 물처럼 화목하게 지내거라.'

이 말은 연개소문의 유언이나 다름없었어. 하지만 그의 아들들은 결국 아버지의 유언을 제대로 지키지 못했어. 그리고 바로 그 이유 때문에 고구려는 허망하게 무너지고 말았지."

장하다가 푹 한숨을 내쉬었다. 그 모습을 본 곽두기가 하다의 어깨를 콩콩 두드려 주었다.

"연개소문이 죽자, 큰아들 남생이 뒤를 이어 고구려의 대막리지가 되었어. 어느 날, 남생은 고구려의 성들을 둘러보

아프라시압 궁전 벽화(복원) 우즈베키스탄 공화국의 사마르칸트시에 있어. 새 깃털을 모자에 꽂고 칼을 찬 고구려 사신들의 모습이 그려져 있어. 당나라의 공격으로 위기에 처한 고구려가 중앙아시아의 나라들과 동맹을 맺기 위해 보낸 사신으로 보여.

기 위해 길을 떠났어. 그런데 어느 신하가 남생의 두 동생, 남건과 남산을 은밀히 찾아가서는 이런 소릴 한 거야.

'지금 남생은 동생들이 자기 자리를 빼앗을까 두려워하고 있습니다. 분명 남생은 두 분을 죽이려 할 것입니다.'

그는 또 남생을 찾아가서는 이렇게 말했어.

'남건과 남산은 형님을 시기하고 있습니다. 형님이 돌아와서 자기네가 차지한 권력을 빼앗아 갈까 봐 두려워하고 있지요. 그래서 지금 음모를 꾸미고 있습니다.'

그 신하는 작정을 하고 남생과 두 동생들 사이를 이간질하고 있던 거야. 아마 고구려를 무너뜨리려는 이들의 꼬임에 빠진 신하였겠지. 남생은 그의 말을 믿지 않으려 했지만, 혹시나 하는 마음에 몰래 자기 부하를 평양에 보내서 분위기를 살펴보라고 했어. 그런데, 하필이면 그 사람이 남건과 남산에게 딱 걸리고 만 거야!"

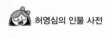

싸우지들 말라고!

"어떡해. 동생들이 오해했겠네요!"

허영심이 발을 동동 굴렀다.

"맞아. 동생들은 형이 자기들을 죽이려 한다고 믿게 됐지. 그대로 형에게 당할 수 없다고 생각한 둘째 남건은 왕의 명령이라고 하면서 남생을 평양으로 불렀어. 하지만 남생이 오지 않자 아예 군사를 보내 남생을 공격했어. 그러자 궁지에 몰린 남생은 당나라에 항복하고 말았어. 당나라에선 태종의 뒤를 이어 고종이 왕위에 오른 뒤였는데, 고종은 남생을 받아 주고 높은 벼슬까지 내려 주었지."

"태종은 고구려를 못 잡아먹어서 안달이더니, 고종은 좋은 사람이었나 봐요?"

장하다의 순진한 질문에 나선애가 입을 삐죽거렸다.

"그래서겠니? 또 무슨 꿍꿍이가 있어서 잘해 주는 걸까?"

"맞아. 고종도 꿍꿍이가 있었지. 남생이 고구려 내부 사정을 잘
아니까 그를 이용해서 고구려를 정복하려 한 거야. 667년, 당나
라 군사들이 고구려의 신성을 공격했어. 그런데 신성은 너무나 쉽

나당 연합군, 고구려를 공격하다

게 당나라의 손에 넘어가고 말았어. 성안에 당나라 편에 선 배신자가 있어서 당나라 군사들에게 성문을 열어 주었거든. 이렇게 신성이 무너진 뒤, 16개나 되는 성이 잇따라 당나라에 항복을 했어. 그리고 668년, 이번엔 신라군까지 몰려와서 평양성을 온통 에워쌌어. 이때 신라에선 태종 무열왕이 세상을 떠나고, 그 뒤를 이어 문무왕이 왕위에 올라 있었어. 문무왕은 직접 전쟁터에 나가 장수들에게 힘을 불어넣어 주었어. 그 싸움이 고구려를 끝장낼 중대한 싸움이라고 여겼기 때문이지. 결국 고구려 보장왕은 나당 연합군에게 항복을 했어. 남건은 끝까지 성문을 걸어 잠그고 저항했지만, 이번에도 역시 내부의 배신자가 몰래 성문을 열어 줬어. 그걸로 그토록 강하던 고구려도 무너져 내리고 말았단다."

"어머, 고구려가 웬 망신이야? 배신자들 때문에 망하다니."

허영심의 중얼거리는 소리를 듣고 장하다는 씩씩거리다가 고개를 푹 숙이며 한숨을 내쉬었다.

"그 뒤 보장왕과 남건, 그리고 10만 명이 넘는 고구려 백성들이 당나라로 끌려가게 됐어. 백제가 망한 뒤와 똑같은 상황이었

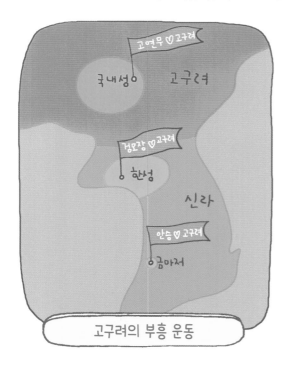

고구려의 부흥 운동

지."

"선생님, 혹시 고구려 사람들도…… 다시 나라를 일으켜 세우려
고 했나요?"

장하다가 힘없는 목소리로 물었다.

"그러엄! 검모잠이라는 사람과 보장왕의 아들인 안승, 또 고연무
라는 사람이 고구려 부흥에 앞장섰어. 여기저기서 일어난 고구려
부흥군은 한때 평양성을 되찾을 정도로 거세게 저항했지. 하지만
이들도 끝내 당나라군에게 패하고 말았어."

 ## 신라, 당나라군을 내쫓고 통일을 이루다

"가만, 백제와 고구려가 망했으면 이제 다 끝난 거잖아. 삼국 통
일이 된 거 아냐?"

"어, 그런가?"

"근데 당나라는 어떻게 되는 거지?"

아이들이 웅성거리자 용선생이 손가락을 입에 갖다 대며 조용히
하라는 시늉을 했다.

"아직 끝나지 않았어. 너희들이 말한 것처럼 당나라가 남아 있잖
아! 처음에 김춘추와 태종이 만나 나당 동맹을 맺을 때 사실 두 나

라는 고구려와 백제를 친 뒤 그 땅을 서로 나눠 갖기로 했었어. 신라는 백제 땅과 고구려 땅 중에서 대동강 남쪽을 갖기로 하고, 당나라는 대동강 북쪽을 갖기로 했지."

"네에? 처음부터 고구려 땅을 넘겨 주기로 약속까지 되어 있었다는 거예요?"

나선애가 인상을 쓰며 말했다.

"응, 신라 입장에선 그 정도 조건을 제시하지 않고는 당나라의 협조를 받기 어려웠거든. 그리고 당장은 백제의 위협에서 벗어나는 게 더 중요하기도 했고. 그런데 진짜 문제는 뭐냐면 당나라가 그 약속을 지키지 않는 거야. 당나라는 백제 땅엔 '웅진 도독부'라는 걸 세우고 고구려 땅엔 '안동 도호부'라는 걸 세워서 자기네가 지배하려 들었어. 그것도 모자라서 신라에 '계림 도독부'를 세우고 신라

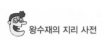
왕수재의 지리 사전

**안동 도호부**
고구려가 멸망한 뒤, 당나라는 평양에 안동 도호부라는 기관을 설치하고 군사 2만 명을 배치했어. 또한 고구려의 5부와 176개의 성을 9개의 도독부와 42개의 주, 1백 개의 현으로 나누었어.

왕을 '계림 도독'으로 임명해서 신라까지 슬쩍 자신들이 차지하려 했지. 애초에 한반도 전체를 꿀꺽 삼키려던 속마음을 노골적으로 드러낸 거야!"

"우, 말도 안 된다!"

"그렇게 멋대로 여기저기 도독부인지 뭔지를 세워도 된단 말이에요?"

장하다와 나선애가 나란히 소리쳤다.

"안 되지! 신라도 당하고만 있지는 않았어. 치밀하게 준비한 끝에 한반도에서 당나라군을 몰아내기 위한 전쟁을 벌였지. 당나라의 지배를 받길 원하지 않는 옛 백제와 고구려의 백성들도 함께 힘을 보탰어."

허영심이 "아우, 대체 전쟁을 몇 번이나 하는 거야" 하며 손가락을 꼽았다.

"670년 신라는 백제 땅에 있는 당나라군을 갑자기 공격했어. 당황한 당나라군은 많은 군사를 잃고 백제 땅에서 쫓겨났지. 이때부터 신라와 당나라 간에 싸움이 끊이지 않았어. 675년에는 지금의 경기도 연천 지역인 매소성에서 큰 전투가 벌어졌는데, 신라는 적은 군사들로도 승리를 이끌어 냈어. 그리고 676년에는 금강 어귀의 기벌포에서 당나라 해군을 물리침으로써 신라는 당나라군을 완전히 몰아낼 수 있게 됐어! 전쟁이 일어난 지 7년 만의 일이었지."

당나라군을 몰아낸 신라

→ 신라군의 진격로
→ 당군의 침입로
✿ 나-당 격전지

대동강~원산만을 경계로
삼국 통일 이룩(676)

평양성

매소성 전투
승리(675)

✿ 매소성(연천)

동 해

우산   독도

황 해

기벌포(금강 하구)

✿

기벌포 전투
승리(676)

금성(경주)

"휴, 다행이다!"

아이들은 그제야 안심한 듯 표정이 밝아졌다.

"조그만 나라라고 신라를 얕잡아 보던 당나라는 그렇게까지 저항이 거셀 줄 몰랐던 거야. 이렇게 해서, 참으로 오랜만에 평화가 찾아왔단다. 이제야말로 신라는 삼국 통일의 기쁨을 마음껏 누릴 수 있었어."

"아, 참 길다! 드디어 신라가 삼국을 통일했네요."

허영심이 기지개를 켜며 말했다. 그러자 나선애가 인상을 찡그리며 말했다.

"선생님, 저는 좀 아쉬운데요."

"뭐가 아쉬운데?"

"괜히 당나라의 힘을 빌리는 바람에 대동강 위쪽의 땅을 잃어버렸잖아요."

용선생은 그 마음을 이해한다는 듯, 고개를 끄덕였다.

"그래, 신라가 당나라와 손을 잡았기 때문에 고구려 영토가 당나라의 것이 된 것은 사실이야. 그렇게만 보면 분명 아쉬운 점이 있는 통일이야. 그래서 지금도 신라의 삼국 통일을 두고 바깥 세력을 끌어들여서 이룬 불완전한 통일 아니냐고 비판하는 이들이 있단다. 하지만 얘들아, 신라가 당나라의 힘을 빌린 것은 당시의 신라로서는 어쩔 수 없는 선택이었을 거야. 게다가 신라가 고분고분히 당나라가 하자는 대로 해 준 것도 아니잖아? 이렇게 생각해 보자. 당시의 신라 앞에는 두 가지 길이 놓여 있었을 거야. 오랜 경쟁자였던 백제와 고구려를 무너뜨렸으니 당나라를 섬기면서 편하게 사는 것, 아니면 목숨을 걸고 당나라와 전쟁을 벌여 당당히 자주적인 나라로 거듭나는 것. 신라는 망설임 없이 두 번째 길로 나아간 거지."

난 솔로몬이 아니라서...

당나라를 끌어들인 죄, 영토를 잃어 버린 죄! 그러므로 피고는 유죄!

당나라를 무찌르고 통일을 이뤘으니 피고는 무죄!

피고 신라 왕

변호사 장하다

검사 나선애

**계유명 전씨 아미타불비상**
비석처럼 다듬은 돌의 네 면에 부처와 보살을 새긴 석상이야. 673년 백제 유민들이 왕과 대신, 부모를 위해 제작했다는 기록이 함께 새겨져 있어. 이들 중에는 백제의 벼슬을 그대로 기록한 사람도 있고, 신라에서 받은 벼슬을 기록한 사람도 있어. 높이 43cm, 국립청주박물관 소장. 국보.

곽두기가 장하다에게 "형아, 하긴 당나라하고 싸워서 이기는 게 쉬운 일은 아니었겠지?" 했다. 장하다도 고개를 끄덕였다.

"왜 하필 다른 민족을 끌어들여서 같은 민족을 멸망시켰을까 하는 생각이 들지도 몰라. 하지만 지금 우리 입장에서만 그 시대 사람들을 바라보면 이해할 수 있는 것들이 많지 않아. 그때 세 나라 사람들은 사실 자신들이 하나의 민족이라는 생각도 거의 하지 않고 지냈어. 비슷한 생김새에 비슷한 언어를 쓰고 있고, 같이 한반도에서 자리를 잡고 살아가고 있다는 면에서 좀 더 가깝게 느끼는 정도였을 거야. 그러다 세 나라가 통일되고 나서야 서로 같은 민족이라는 생각이 자리 잡기 시작한 거지. 비록 당나라의 힘을 빌렸고 고구려 땅 대부분을 빼앗기긴 했지만, 분명 삼국 통일은 우리 역사상 최초의 통일이고 민족 문화 발전의 토대가 되었다는 점에서 큰 의미를 갖고 있는 거야. 그렇지 않니?"

용선생의 말에 잠시 생각하던 장하다가 두 팔을 번쩍 들어올리며 "삼국 통일 만세!" 하고 소리쳤다. 옆에 있던 두기도 얼떨결에 따라서 만세를 불렀다.

'쟤들은 어쩜 저리 단순할까.'

나선애는 이렇게 생각하면서도 스르르 웃음이 비어져 나왔다.

# 나선애의 정리노트

## 1. 642년에 무슨 일이?

| 고구려 | 백제 | 신라 |
|---|---|---|
| 연개소문이 영류왕과 몇몇 귀족을 죽이고 권력을 잡음 | 의자왕이 신라의 대야성을 빼앗음 | 김춘추가 고구려에 가서 군사를 보내 달라고 청함 |

## 2. 백제와 고구려의 멸망

백제 : 나당 연합군(김유신, 소정방)이 백제를 공격함

⟶ 계백이 목숨을 걸고 막으려 함(황산벌 전투)

⟶ 사비성이 함락됨

고구려 : 연개소문의 아들들이 서로 다툼

⟶ 남생이 당나라에 투항함

⟶ 나당 연합군이 고구려를 공격함

⟶ 평양성이 함락됨

## 3. 신라와 당나라 간의 전쟁

| | |
|---|---|
| 왜 전쟁이 일어났나? | 당나라가 약속을 어기고 한반도를 지배하려 함 (웅진 도독부, 안동 도호부, 계림 도독부 설치) |
| 대표적인 전투는? | 매소성 전투, 기벌포 전투에서 신라가 큰 승리를 거둠 |
| 어떻게 되었나? | 당나라를 몰아내고 신라가 삼국을 통일함(대동강 이남 차지) |
| 삼국 통일의 의의 | 같은 민족이라는 생각이 자리 잡기 시작 민족 문화 발전의 토대 마련 |

# 원술은 괴로워!

신라가 당나라군을 맞아 대승을 거두었던 매소성 전투 기억나? 이 전투에서 목숨을 걸고 싸워서 큰 공을 세운 이가 있었으니, 다름 아닌 김유신의 둘째 아들인 김원술이야. 그런데 정작 김원술은 그 이후 자취를 감춰 버렸어. 무슨 사정이 있었던 걸까?

얘기는 3년 전인 672년으로 거슬러 올라가. 신라군은 석문 (지금의 황해북도 서흥군 서흥면)에서 당나라군을 맞아 싸웠지만 참패했어. 그러자 김원술은 끝까지 싸우다가 죽으려고 했지. 하지만 부하인 담릉이 그를 말렸어.

"이대로 죽으면 아무 의미도 없지만, 살아 돌아간다면 나중에 더 잘할 기회가 반드시 올 것입니다."

원술은 이 말이 옳다고 생각해서 전장에서 죽지 않고 되돌아왔어.

그러자 아버지 김유신은 원술이 왕의 명령을 어기고 가문의 명예를 저버렸다며 아들의 목을 베어 달라고 왕에게 청했지. 다행히 문무왕이 용서해 줬지만, 원술은 부끄러워하며 시골로 숨어 버렸어.

그 후 김유신이 세상을 떠나자 원술은 어머니를 만나려고 했어. 하지만 어머니는 만나기를 끝내 거절했어. 원술이 자식으로서 해야 할 일을 못했으니 자기도 어머니가 아니라

매소성 전투 기록화

는 거였지.

원술은 더더욱 부끄러워하며 계속 숨어서 지내다가, 옛날
의 실수를 씻기 위해 매소성 전투에서 목숨을 걸고 싸웠고
큰 공을 세우게 된 거야.

하지만 부모님에게 인정을 받지 못한 아픈 기억을 떨쳐 버
릴 수는 없었어. 그래서 원술은 벼슬에 나아가지 않고 그대
로 일생을 마쳤대.

 COMMENTS

허영심 : 헉! 아버지가 아들의 목을 베라고 했다고요? 진짜로요?

　└ 용선생 : 좀 심했지? 하지만 이런 정신이 있었기에 신라가 삼국을 통
　　　　　일할 수 있었을 거야.

# 한국사 퀴즈 달인을 찾아라!

달인을 찾아라!

달인 트로피

출발!

## 01 ★☆☆☆☆

오늘 배운 인물들을 복습하기 위해 자신 있게 노트를 펼쳐 든 허영심. 그런데 누가 어느 나라 사람인지 알 수가 있어야지! 영심이가 헷갈려 하는 이 사람들의 국적을 찾아 줄래?

김유신 •                    • 고구려

연개소문 •                  • 백제

계백 •                    • 신라

## 02 ★☆☆☆☆

금강이 굽이쳐 돌아가는 부여 부소산. 그런데 이곳에 백제 멸망의 슬픈 이야기가 서려 있다고 하지? 백제의 궁녀들이 강물에 몸을 던졌다는 이야기가 전해지는 이 바위의 이름이 뭐더라? (             )

① 정사암                ② 공산성
③ 낙화암                ④ 부소 바위

 **★ ★ ★ ★ ★**

계백이 역사반 아이들에게 자기가 겪은 일은 이야기해 주고 있네. 이 사건이 일어나기 이전에 있었던 일로 옳은 것은 무엇일까?

(      )

> 내 이름은 계백이야. 황산벌에서 5만이나 되는 신라군을 네 번이나 막아 냈지만 이제 한계에 다다른 것 같아.

① 김춘추가 백제의 위협에 맞서기 위해 고구려에 도움을 요청하러 갔다.

② 신라가 당나라 군대를 완전히 쫓아냈다.

③ 당나라가 남생에게 높은 벼슬을 주었다.

④ 복신과 부여풍 사이에 다툼이 벌어졌다.

 **★ ★ ★ ★ ☆**

고구려를 멸망시키고 당나라까지 완전히 몰아내어 삼국 통일을 완성한 왕은 누굴까?

(      )

① 의자왕      ② 문무왕
③ 태종 무열왕      ④ 보장왕

 **★ ★ ★ ★ ☆**

아이들이 삼국 통일에 대해 얘기하고 있어. 이 중에서 틀린 말을 하는 아이는 누굴까?

(      )

 ① 신라가 당나라와 손을 잡는 바람에 고구려 땅이 당나라 땅이 되었어.

 ② 하지만 신라로선 어쩔 수 없는 선택이었어.

 ③ 맞아, 그래서 신라는 당나라의 요구라면 다 들어줬어.

 ④ 무슨 소리야? 신라는 목숨을 걸고 당나라와 싸웠다고!

• 정답은 259쪽에서 확인하세요!

드디어 삼국이 하나로 통일되고 새로운 시대가 열리는구나.
세 나라를 통일한 신라는 영토도 넓어지고 백성들도 전보다 훨씬 많아졌겠지?
그래서 이때부터의 신라를 그 전과 구별해서 '통일 신라'라고 불러.
자, 그럼 삼국 통일 뒤 평화로운 시대를 누린 신라의 모습을 찬찬히 살펴볼까?

676
신라가
삼국을
통일하다

신문왕이
왕위에
오르다

신문왕이
녹읍을
폐지하다

대조영이
발해를
세우다

성덕왕이
정전을
지급하다

불국사와 석굴암
공사를 시작하다

681

689

698

722

751

감은사지

# 통일 신라, 평화의 시대를 열다!

✔ 알고 있는 용어에 체크해 보자!

☐ 신문왕  ☐ 9주 5소경  ☐ 관료전  ☐ 국학

"선생님, 경주는 아직도 멀었나요?"

꾸벅꾸벅 졸다 일어난 장하다가 운전석으로 고개를 들이밀었다.

"멀긴! 다 왔어. 바깥을 봐라, 여기가 경주라는 증거가 저기 저렇게 있잖아?"

창밖에는 초록빛 언덕들이 거짓말처럼 도시 한복판에 솟아 있었다.

"어? 저게 뭐예요?"

"왕릉이다!"

"어머, 너무 예쁘잖아?"

다른 아이들도 잠에서 깨어나 창밖을 보며 한마디씩 했다.

"오랜 세월 동안 신라의 수도였던 경주에는 그 흔적이 아주 많이 남아 있어. 도시 전체가 거대한 박물관이라고 불릴 만큼 풍부한 문화유

경주는 어디?

산들을 자랑하는 곳이 바로 여기 경주야. 왕과 왕비들이 묻혀 있는
저 능도 그중 하나지.”

그제야 하다는 창밖에
우뚝 솟아 있는 언덕들이
신라의 왕과 왕비들의 무
덤이라는 걸 알아챘다.

“아하, 경주에 가면 임
금님 무덤을 아무 데서나
볼 수 있다고 하더니 진
짜네! 선생님, 우리 저기
갈 거예요? 무덤 안에도
들어갈 수 있다면서요?”

무덤 안에 들어간다는
말에 곽두기의 눈이 커다
래졌다.

경주 대릉원  경주시 황남동에 있는 고분 공원이야. 천마총, 황남대총,
미추왕릉 등 23개의 능이 모여 있어. '미추왕을 대릉에 장사 지냈다'는
《삼국사기》의 기록에 따라 이곳을 대릉원이라 불러. 사적.

용선생 현장 강의

경주 고분군
속으로!

“아냐. 우리는 저 능보다 더 큰 무덤, 그러니까 세상에서 제일 큰
무덤을 보러 갈 거야. 아마 그 무덤을 보면 너희 모두 입이 떡 벌어
질걸?”

용선생은 큰소리를 치며 부지런히 차를 몰았다. 곧 시내를 빠져
나간 버스는 얼마 뒤 한적한 바닷가에 도착했다.

# 용이 되어 동해를 지키고자 한 문무왕

차에서 내린 아이들은 바쁘게 사방을 두리번거리며 '세상에서 제일 큰 무덤'을 찾았다. 하지만 큰 무덤은 둘째치고 무덤같이 생긴 것조차 찾을 수 없었다.

"무덤이 어딨는데요?"

"바로 저기!"

용선생이 가리킨 곳에는 바다 위에 떠 있는 커다란 바윗덩이가 보일 뿐이었다. 아이들은 영문을 몰라 눈만 껌벅거렸다.

"얘들아, 저기 보이는 바다와 바위가 바로 무덤이야. 저런 무덤은 처음 봤지? 아마 세계 어딜 가도 없을걸! 저기 묻혀 있는 건 신라의 왕이란다. 태종 무열왕의 맏아들이자 삼국 통일을 이룬 왕인데……."

용선생은 말을 줄이며 아이들의 얼굴을 하나씩 쳐다보았다.

"문무왕!"

왕수재와 나선애가 동시에 외치자, 다른 아이들도 기억이 나는지 "아, 맞다!" 하며 고개를 끄덕였다.

"대체 어떤 녀석들이 문무왕을 바다에 묻어 버렸대요?"

장하다가 콧구멍에 힘을 주며 소리쳤다.

**허영심의 인물 사전**

**문무왕**(626~681)
신라의 30대 왕이야.
태종 무열왕과 문명
왕후의 아들인데,
문명 왕후가 바로
김유신의 누이인
문희야. 661년
왕위에 올라
고구려를 멸망시키고
한반도에서 당나라를
몰아냈어.

경주 문무 대왕릉(대왕암) 경주 감포 앞바다에 있는 바위야. 밖에서 보면 그냥 바위인데 안이 사다리꼴 모양으로 파여 있고 그 중앙에 거북 모양으로 생긴 돌이 놓여 있어. 그 돌 안에 유골을 넣었다는 얘기도 있고, 시신을 화장한 후 뼛가루를 뿌렸다는 얘기도 있어. 사적.

"어이쿠, 그런 게 아니야. 그건 문무왕의 뜻이었어. 문무왕은 삼국 통일이라는 큰 숙제를 해결했지만 그것만으로 자기가 해야 할 일이 끝난 거라고 여기지 않았어. 툭하면 저 바다 건너 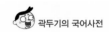가 쳐들어와 신라 백성들을 못살게 굴고 식량이며 재산을 빼앗아 갔거든. 그래서 안심할 수 없었던 문무왕은 자신이 죽으면 동해 바다에 묻으라고 했대. 죽은 뒤에 용이 되어 왜구가 쳐들어오는 길목인 동해를 지키겠다는 뜻이었지. 그의 아들인 신문왕은 그 뜻을 받들어 문무왕을 이 동해 바다에 장사 지낸 거야."

곽두기의 국어사전

왜구
'왜가 노략질하다'
라는 뜻인데,
나중에는 일본을
근거지로 한
해적들을 뜻하는
말이 되었어.

**허영심의 인물 사전**

**신문왕(?~692)**
신라 31대 왕이야.
문무왕의 맏아들로
681년 왕위에 올라
12년간 신라를
다스렸어. 왕권을
튼튼하게 다지며
통일 후의 신라를
정비해 나갔지.

감은사 비밀 공간
대공개!

용선생 현장 강의

"와…… 그럼 문무왕은 정말로 용이 된 거예요?"

두기의 들뜬 목소리에 수재가 "그걸 정말 믿으면 어떡해?" 하며 핀잔을 주었다.

"하지만 신문왕은 정말 문무왕이 용이 되어 나라를 지켜 줄 거라고 믿고 싶었던 것 같아. 바로 이 근처에 감은사라는 절이 있었는데, 부처를 모신 본당 아래쪽에 동해 바다로 통하는 구멍이 나 있었대. 신문왕이 특별히 그렇게 만들라고 한 거라지. 용이 된 아버지 문무왕이 동해 바닷물을 타고 감은사에 드나들 수 있도록 하기

**감은사지** 감은사는 대왕릉에서 5분 거리에 있는데, 지금은 터만 남아 있어. 그래서 터를 말하는 한자 [址]를 붙여 '감은사지'라고 불러. 앞뜰에는 3층 석탑 2개(국보)가 나란히 서 있어. 지금 감은사지 주변은 논이지만 당시에는 바닷물이 절 앞에까지 들어왔다고 해. 사적.

**감은사지 동 삼층 석탑 사리장엄구** 2개의 3층 석탑 가운데 동쪽에 있는 석탑(위 사진에서는 왼쪽) 속에서 발견된 사리함이야. 안에는 사리를 담은 수정병과 사리기가 있었어. 높이 31cm, 국립중앙박물관 소장. 보물.

위해서 말이야. 감은사는 문무왕이 부처에게
나라를 잘 지켜 달라고 기도를 드리기 위해서
짓기 시작한 절이었는데, 절이 완성된 것은 문
무왕이 세상을 떠난 뒤였거든. 절 이름도 나라의 안전만을 생각한
문무왕의 은혜에 감사 드린다는 뜻으로 신문왕이 '감은사(感恩寺)'라
고 지은 거래."

**녹유골호와 석제함**
불교를 믿게 되면서
불교의 장례 방법인 화장이
널리 유행하게 되었어.
화장은 시신을 불태우는
것을 말하는데 화장하고
남은 뼛가루를 뼈 단지에
담았어. 전체 높이 43cm,
국립중앙박물관 소장. 국보.

두기는 커다란 용이 서서히 용틀임을 하며 절을 향해 헤엄쳐 가
는 모습을 떠올려 보았다. 상상만으로도 엄청난 광경이었다.

 ## 걱정거리를 해결해 주는 요술 피리, 만파식적

"문무왕과 신문왕에 얽힌 전설이 또 있어. 그 이야기를 하기 전
에! 피리 부는 사나이도 울고 갈 나의 피리 연주부터 들려주마."
용선생은 주머니에서 피리를 꺼내 들고는 바닥에 철퍽 주저앉았
다. 이건 또 무슨 영문인가 싶어 서로 얼굴을 마주 보던 아이들도
용선생을 따라 자리를 잡고 앉았다.
뜻밖에 용선생의 피리 연주는 꽤나 그럴싸했다. 부드러운 바닷바
람을 타고 울려 퍼지는 피리 소리를 듣고 있자니 아이들의 마음이
점점 차분해졌다. 연주를 마친 용선생은 뭔가를 기다리는 듯 아이

들을 빤히 바라보았다. 눈치 빠른 선애가 "박수야, 박수" 하고 소
곤거리자 아이들이 서둘러 손뼉을 치기 시작했다. 그제야 용선생
의 입가에 흐뭇한 웃음이 번졌다.

"좋아! 이제 신문왕의 피리 이야기를 들려주지! 신문왕이 감은사
를 창건하고 난 후에 희한한 이야기를 듣게 됐어. '동해에 있는 작
은 섬 하나가 감은사 쪽으로 떠내려 와서 이리저
리 움직이고 있습니다. 그 섬에는 또 낮
이면 둘로 갈라지고 밤이면 하나가
되는 기이한 대나무가 있다 합
니다.' 이상하게 여긴 신문왕
이 그 섬으로 직접 찾아가
보았지. 그랬더니 갑자기 어
디선가 용이 나타나더니만 신
문왕한테 말을 하는 거였어! '이
대나무는 돌아가신 문무왕과 김유
신 장군님이 주신 보물입니다. 이 대나
무로 피리를 만들어 불면 온 세상이 평
화로워질 것입니다.' 신문왕은 용이 말
한 대로 대나무를 꺾어서 피리로 만들었대. 아
니나 다를까! 적이 쳐들어왔을 때 그 피리를 불었

더니 모두 물러가 버리더래. 또 가뭄이 들어 피리를 불면 비를 내려 주고, 장마가 져서 피리를 불면 비를 그치게 해 주더라는 거야."

"이야~ 요술 피리네요?"

"응, 그 요술 피리의 이름은 '만파식적'이야. 한자를 해석하면 '만 개의 파도를 가라앉히는 피리'라는 말이야. 즉, 세상 온갖 걱정거리를 사라지게 해 주는 피리란 뜻이지."

"와 끝내준다! 그런 피리가 있으면 정말 좋겠어요!"

곽두기의 말에 용선생이 빙그레 웃음을 지었다.

"물론 진짜로 그런 피리가 있었던 건 아닐 거야. 그런데 왜 그런 이야기가 만들어졌을까? 아마 신문왕은 평화를 간절히 원했나 봐. 피리를 통해서 온갖 걱정거리를 다 잠재웠다고 한 걸 보면 온 세상 사람들한테, 또 후손들한테도 자신이 다스리던 신라가 더없이 평화로웠다는 걸 강조하고 싶었던 걸지도 모르지."

금동 주악천인상 인동덩굴 위에 앉아 피리를 불고 있는 주악천인의 모습이야. 주악천인은 악기를 연주하는 천인(天人)을 말해. 신라가 삼국을 통일할 즈음에 만든 월지(안압지)에서 발견되었어.

"만날 싸워 대던 삼국이 통일됐으니까 더 이상 전쟁을 할 필요도 없고, 실제로 평화로웠을 것 같은데요?"

"물론 전보다는 훨씬 평화로웠지. 하지만 아직 나라가 완전히 안정된 건 아니었어. 심지어 신문왕을 왕위에서 내쫓으려는 반란 사건까지 일어났는걸? 삼국을 통일한 뒤 왕의 힘이 점점 커지자 두려움을 느낀 귀족들이 반란을 일으키려 했던 거야. 그중엔 신문왕의 장인인 김흠돌이란 사람도 있었어."

"장인이요? 그럼 자기 사위한테? 그놈의 권력이 뭔지……. 에이 쯧쯧!"

장하다가 애늙은이처럼 혀를 찼다.

"이 사건에 대해 김흠돌이 반란을 일으키려고 한 게 아니라는 설명도 있어. 김흠돌은 전쟁에서 큰 공을 세운 귀족이자 왕의 장인이었기 때문에 왕 못지않은 권력을 가지고 있었거든. 그래서 신문왕이 김흠돌을 견제하기 위해 반란죄를 뒤집어씌웠다고 보기도 해. 어쨌든 신문왕은 이 사건을 처리하면서 왕권을 한층 강화했어. 반란 사건과 관련된 사람들은 최고의 관직에 있는 사람이든, 왕의 장인이든 모두 처벌한 거지. 그런 모습을 본 귀족들은 더 이상 왕에게 딴 마음을 품을 수가 없게 됐고. 그 이후로 효소왕·성덕왕·효성왕·경덕왕 등 여러 왕들이 다스리는 세월 동안 신라는 평화와 번영을 누렸단다. 자, 그럼 신라가 삼국을 통일한 후 어떻게 발전했는지 알아보자."

## 귀족의 힘은 줄이고, 왕의 힘은 키우고

"신라가 삼국을 통일한 후 뭐가 달라졌을까?"

"땅이 넓어졌겠네요!"

웬일로 장하다가 제일 먼저 대답을 하고, 뒤를 이어 다른 아이들도 한마디씩 했다.

"백성들도 많아졌고요."

"그러네. 고구려랑 백제 사람들이 다 신라 사람이 된 거니까."

"맞았어! 통일 전에 비하면 신라의 땅은 두세 배쯤 넓어졌어. 갑자기 나라가 그렇게 커졌으니 챙겨야 할 게 좀 많았겠니? 새로 얻은 땅과 늘어난 백성들을 어떻게 하면 잘 다스릴 수 있을까 고민하던 신문왕은 나라 전체를 여러 개의 지역으로 나누어 다스리기로 했어. 나라가 작을 땐 왕이 각 지방까지 두루 다스릴 수 있지만, 나라가 커지면 그러기 어렵잖아. 신문왕은 전국을 우선 9개의 '주'로 나누었어. 그리고 각 주는 다시 '군'과 '현'으로 나누었지. 지금 우리나라 행정 구역이 여러 개의 도로 나뉘고, 각 도 안에는 더 작은 행정 구역인 군이 있는 거랑 비슷해. 신문왕은 자신의 정책을 실행해 옮길 관리들을 키워 내기 위해 '국학'이라는 학교도 새로 세웠어. 또 수도인 경주가 나라

경주 향교  원래 이 자리에는 국학이 자리 잡고 있었어. 신문왕은 국학을 만들어서 귀족이 아닌 새로운 관리들을 기르려고 했어.

의 한쪽 구석에 있어서 전국을 골고루 다스리기가 힘드니까 전국에 '소경(小京)'이라는 5개의 작은 수도를 만들었어. 그러고는 그냥 이름만 작은 수도라고 붙여 놓으면 아무 소용이 없으니까 경주에 살던 왕족과 귀족들 중 일부를 소경으로 옮겨 살도록 했지. 신라의 귀족들을 전국 곳곳에 퍼뜨려 놓아서 옛 백제와 고구려 사람들이 자신들도 신라 사람이라는 생각을 가질 수 있도록 이끌게 한 거야. 또 다른 이유도 있었어. 힘 있는 왕족과 귀족들을 뿔뿔이 흩어 놓아 왕에게 위협이 되는 세력이 생겨나는 걸 막으려 했던 거지."

"꿩 먹고 알 먹고, 딱 그거네요."

어느새 공책과 연필을 꺼내 든 나선애가 용선생의 설명을 받아 적으며 말했다. 그 모습을 본 왕수재도 부랴부랴 공책을 꺼냈다.

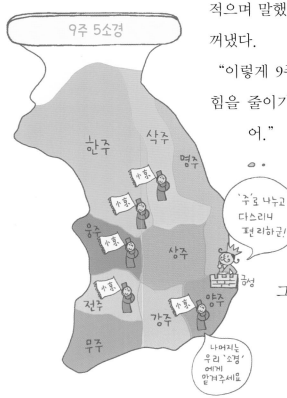

"이렇게 9주 5소경 제도를 정비한 신문왕은 귀족들의 힘을 줄이기 위해 관리들에게 주던 녹읍도 없애 버렸어."

"녹즙? 관리들한테 녹즙도 줬어요?"

하다가 컵을 들이켜는 시늉을 내며 묻자 아이들이 킥킥거렸다.

"어이구, 녹즙이 아니라 녹읍! 녹읍은 그 당시 나라에서 관리들에게 주던 봉급을 말

하는 거야. 그 봉급이 뭐였냐면 농민들로부터 걷는 세금이었어. 관리들에게 각각 여러 군, 현의 땅에서 직접 세금을 거둘 수 있는 권리를 나누어 준 거였지. 관리들이 직접 세금을 걷다 보면 정해진 액수보다 더 많이 걷으려고 할 수도 있겠지?"

"당연히 많이, 아주 잔뜩 거두었을 것 같은데요."

"그렇지. 관리들은 녹읍을 통해 많은 세금을 거두었을 뿐 아니라 필요할 때 농민들을 불러다 일을 시킬 수도 있었어. 그러니 그 지역 농민들에게는 어쩌면 왕보다 더 두려운 존재였을지도 몰라. 신문왕은 이런 녹읍 제도를 완전히 없애 버린 거야."

"가만, 그럼 관리들 봉급은 어떻게 하고요? 그래도 봉급은 줘야 할 거 아닙니까?"

왕수재가 괜스레 목소리를 높였다.

"물론 줬지. 신문왕은 관리들에게 녹읍 대신 나라에서 직접 곡물로 봉급을 줬어. 또 관료전이라는 땅도 내려 주었는데, 이건 녹읍보다 규모가 훨씬 작은 것이었어."

"그래도 관리들의 수입이 전보다 한

참 줄었을 것 같아요."

나선애의 말에 용선생이 고개를 끄덕였다.

"그럼. 수입도 줄어들고 농민들에 대한 영향력도 줄어들었지. 그런데 관리들은 결국 모두 귀족들이었어. 그래서 신문왕은 녹읍을 없애서 귀족들의 경제적 기반을 약하게 만든 거야."

"귀족들은 신문왕이 엄청 미웠겠네요."

"아마 그랬을 거야. 하지만 신문왕이 반란을 일으킨 귀족들을 어떻게 했는지 똑똑히 지켜본 마당에 함부로 불만을 표시할 순 없었지."

"신문왕은 왜 그렇게 귀족들의 힘을 줄이려 했어요?"

"귀족들이 나라 전체의 이익보다 자신들의 이익을 먼저 생각하는 경우가 있거든. 그래서 농민들에게 세금을 많이 거둬가고, 농민들을 노비로 만들기도 하고. 그런데 농민들은 나라에 세금을 내고, 나라를 지탱해 주는 사람들이잖아. 그러니 귀족들의 힘이 너무 커지면 반대로 나라의 힘은 약해질 수밖에 없는 거지. 왕의 입장에서는 귀족들의 힘을 줄이면서 왕권을 강화해야 백성들도 잘살게 되고 나라도 튼튼해진다고 생각한 거야."

"그러면 왕권이 강한 게 좋은 거군요."

"항상 그런 건 아니야. 왕권이 지나치게 강해지면, 왕을 견제할 만한 세력이 없어져서 나라가 위험하게 되는 경우도 많아. 실제로 왕이 권력을 마음껏 휘두르다가 망한 나라들도 많단다.

"귀족 말고 그냥 백성들은요? 통일이 되고 나서 백성들한테 달라진 건 없어요?"

잠자코 듣고만 있던 두기가 호기심 가득한 얼굴로 물었다.

"아, 그래! 마침 통일 신라 시대 마을의 실상을 알 수 있는 소중한 자료가 남아 있어. 흔히 '신라 촌락 문서'라고 부르는데, 이 자료를 보면 백성들은 촌이라는 작은 마을을 이루어 살았어. 촌을 다스리는 사람은 촌주였지. 나라에서는 3년마다 마을의 이모저모를 살폈는데, 마을마다 백성의 숫자는 몇 명인지, 농사짓는 땅의 넓이는 얼마나 되는지 등을 조사했어. 열매가 열리는 나무가 몇 그루인지까지 세세하게 조사했어. 이런 자료를 바탕으로 세금을 매겼지. 그리고 신문왕의 아들인 성덕왕 때에는 15세 이상의 성인 남자[丁] 중에서 땅이 없거나 너무나 가난한 이들에게 땅[田]을 나

신라 촌락 문서 1933년 일본 왕실의 보물 창고인 쇼소인에서 발견된 통일 신라 때의 문서로, 당시 마을의 경제 상황을 알 수 있는 자료야. 마을 사람들을 성별과 나이로 구분해서 정리하고, 논밭과 가축 그리고 뽕나무·잣나무·호두나무 등의 수를 파악해서 3년 전과 어떻게 달라졌는지를 기록했어.

뉘 주기도 했어. 이런 토지를 '정전(丁田)'이라고 해. 백성들의 생활을 보살피려는 것은 물론, 나라의 세금을 더 안정적으로 거둬들일 수 있도록 하기 위해서였지. 자기 땅에서 농사를 짓는 농민들이 많을수록 세금을 낼 수 있는 백성의 수도 늘어나는 거니까."

"히야, 잘은 모르겠지만 뭔가 제대로 돌아가는 것 같은데요?"

장하다의 말에 왕수재가 안경을 치켜 올리며 덧붙였다.

"나라가 안정되고 사회 질서가 확립되고 있다, 이거지."

이때 시계를 들여다본 용선생이 벌떡 일어섰다.

"어! 얘들아, 여기서 너무 오래 있었구나! 이제 박물관에 가야 해. 박물관에 가 보면 또 놀랄만한 물건들이 있을 게다. 가자!"

## 경주, 세계인이 모여드는 무역 도시가 되다

미니버스가 박물관에 도착하자, 아이들은 우르르 박물관으로 들어가 제각기 흩어져 여러 유물들을 훑어보기 시작했다. 그런데 얼마 지나지 않아 "꺅!" 하는 허영심의 비명 소리가 아이들을 불러 모았다.

"왜 그래! 무슨 일이야?"

제일 먼저 장하다가 달려가 보니, 영심은 진열장 유리창에 착 달라붙어 있었다. 그러곤 떨리는 목소리로 말했다.

"이, 이거 좀 봐……. 너무 예뻐!"

"애개? 고작 그거였어?"

허탈한 장하다가 어깨를 축 늘어뜨렸다. 하지만 화려한 유물들로 가득한 진열장은 다른 아이들의 시선 역시 단번에 사로잡았다. 어슬렁어슬렁 다가온 용선생이 설명을 시작했다.

"여기 있는 유물들 중에는 신라에서 만들어진 것도 있고 먼 외국에서 흘러 들어온 것도 있어. 신라 사람들은 금과 은으로 멋진 장식품들을 잘 만들어 냈어. 전에 삼국 시대 유물들을 볼 때도 신라의 금 장신구들이 제일 돋보였잖아. 또 신라의 인삼은 해외에서도 인기가 좋았다지. 그래서 경주에는 신라의 물건들을 사려는 외국 상인들이 많이 모여들었어."

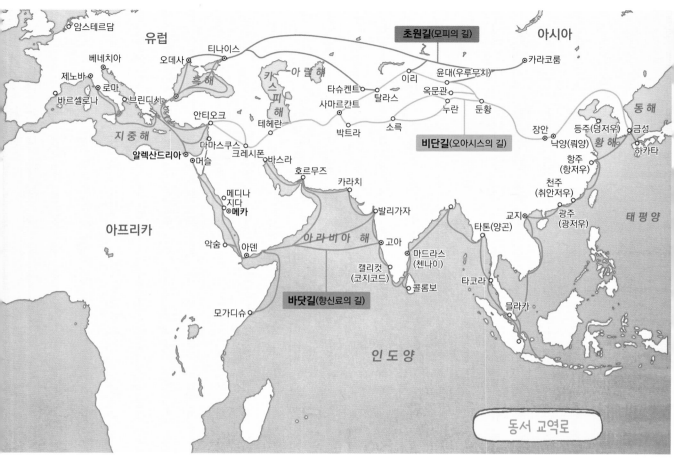

암스테르담
유럽
베네치아
제노바
로마
바르셀로나
브린디시
안티오크
지중해
알렉산드리아
다마스쿠스
머슬
크레시폰
바스라
메디나
지다
메카
아프리카
악숨
아덴
아라비아 해
고아
캘리컷
(코지코드)
콜롬보
바닷길(향신료의 길)
모가디슈
인도양

티나이스
오데사
흑해
카스피해
테헤란
아랄 해
타슈켄트
사마르칸트
탈라스
박트라
호르무즈
카라치
발리가자
마드라스
(첸나이)
타코라
타톤(양곤)

초원길(모피의 길)
이리
윤대(우루무치)
옥문관
누란
둔황
소륵
비단길(오아시스의 길)
카라코룸
아시아
동 해
장안
등주(덩저우)
금성
낙양(뤄양)
하카타
항주
(항저우)
천주
(취안저우)
교지
광주
(광저우)
태 평 양
믈라카

동서 교역로

"중국 상인들 말고 다른 나라 상인들도 왔었어요?"

"응, 여러 나라의 상인들이 와서 신라의 물건을 사기도 하고, 자기네 나라의 물건을 팔기도 했어. 특히 멀리 서아시아에서 온 상인들은 신라 귀족들에게 진귀하고 값비싼 물건들을 팔았지. '자, 머나먼 서역에서 온 물건입니다. 페르시아 양탄자 사세요! 상아, 후추도 있습니다! 유황도 있고, 수은도 있어요!'"

"수은이라고요? 이상하네. 수은은 중독을 일으킨다던데요?"

우리나라에서 발견된 서역 물건

**황금 보검** 칼집과 칼은 썩어 없어지고, 금으로 된 칼집 장식만 남아 있어. 검의 형태와 문양 장식, 재료에서 그리스나 로마, 서아시아의 특징을 보이고 있어. 길이 36cm, 국립경주박물관 소장. 보물.

**상감 유리구슬 목걸이** 옥으로 만든 목걸이야. 독특하게도 구슬에 사람 얼굴이 그려져 있어. 피부색이 희고 콧날이 오뚝해서 서역 사람으로 추정하고 있어. 길이 24cm, 국립경주박물관 소장. 보물.

일본에서 발견된 신라 물건

**신라 먹** 일본 왕실의 보물 창고인 쇼소인에서 발견된 것으로, '신라에서 만든 먹'이란 글자가 새겨져 있어. 길이 26.6cm.

**숟가락** 역시 쇼소인에서 발견된 것으로, 숟가락을 포장하는 데 쓰인 종이가 신라 공문서로 밝혀졌기 때문에 신라에서 만들어졌다는 걸 알 수 있어.

왕수재가 의심스러운 표정으로 말했다.

"아, 맞아. 수은 그 자체로는 독성이 있지. 하지만 옛날 중국이나 우리나라에서는 불로장생과 관련한 약재로 많이 사용되었어."

허영심은 보고 있는 유물들이 저 멀리 서역에서 왔을 수도 있다는 얘기를 들으며, 서역에서 온 물건들로 한껏 꾸민 자신을 상상했다.

"이렇게 먼 지역의 상인들이 자주 찾아오면서 경주와 가까운 울산항은 국제 무역항으로 크게 발전하게 됐어. 아까 경주 시내에서 본 능 있지? 그 능들에서는 화려한 유리 목걸이와 유리그릇, 칼 등이 나왔는데, 조사해 보니 서역에서 만들어진 물건일 가능성이 높대. 이 정도면 신라의 교역 활동이 얼마나 활발했는지 알겠지?"

"우아, 그 옛날의 경주가 국제적인 백화점이었다는 거군요. 멋지다……."

완전히 꿈꾸는 표정이 되어 버린 허영심이 중얼거렸다.

"영심이가 신라에 푹 빠져 버렸구나, 흐흐. 더 얘기해 줄까? 아랍의 한 지리학자는 신라에 대해 이런 기록을 남겼대. '신라는 금이 많이 나고 기후와 환경이 좋다. 그래서 많은 이슬람 사람들이 신라에 정착해 떠날 줄 모른다.' 실제로 신라 귀족들은 서아시아나 중앙아시아 같은 곳에서 신라로 온 사람들을 호위 무사로 삼았다는 이야기도 있어. 그래서인지 신라인의 무덤을 지키는 돌 조각 중에는 다른 민족의 얼굴과 옷차림을 하고 있는 것들이 많지. 어떤 조각은 페르시아인을 닮았고, 어떤 조각은 중앙아시아의 소그드인을 닮았어."

"신기하다. 우리 조상들은 조용히 우리 땅 안에서만 꼼짝 않고 살았을 줄 알았어요."

선애가 새삼스러운 눈길로 유물들을 바라보며 말했다. 영심이도 다시 진열장에 코를 박으며 중얼거렸다.

세계 지도 속의 신라 1154년 아랍 지리학자 알 이드리시가 그린 세계 지도의 일부야. 신라를 5개의 섬으로 그리고 아랍어로 '신라'라고 표기했어.

"이렇게 멋진 보물들을 모으고 생김새도 다른 외국 사람들하고도 어울려 살고……. 신라 사람들은 분명히 세련된 사람들이었을 거야."

흐뭇한 표정이 된 용선생이 가볍게 손뼉을 울렸다.

"자, 얘들아! 오늘 수업은 여기서 끝이야. 내일은 일찍 일어나서 해돋이도 보고 석굴암, 불국사에도 가야 하니까 그만 쉬러 가자."

그러자 곽두기가 "선생님, 근데요~." 하며 용선생의 소매를 잡았다.

"경주까지 왔는데 좀 놀면 안 돼요? 자

괘릉 무인상 신라 38대 원성왕의 무덤으로 추정되는 괘릉에 있는 석상이야. 둥근 터번 사이로 삐져나오는 곱슬머리, 깊은 눈, 우뚝 솟은 매부리코, 귀밑에서 턱으로 흐르는 수염 등으로 보아 서역 사람일 것으로 추정하고 있어. 높이 2.4m, 보물.

전거 경주도 하고요."

다른 아이들도 하나둘 "맞아요, 배드민턴도 치고!", "고기도 구워 주세요!" 하며 조르기 시작했다. 아주 잠깐 뜸을 들이던 용선생이 기다렸다는 듯 "좋다! 언제 우리가 또 이렇게 놀아 보겠냐? 그거 다 하자!" 했다.

용선생의 호기로운 대답에 아이들이 "와아" 환호성을 질렀다. 용선생과 아이들은 누가 먼저랄 것도 없이 서둘러 박물관을 빠져나갔다.

문관 토용 흙으로 빚은 인물상이야. 문관들이 임금을 알현할 때 들던 상아 혹은 나무로 만든 홀을 갖고 서 있어. 높은 코와 턱수염, 유난히 큰 눈, 길게 표현된 입 모양이 서역 사람을 닮았어. 높이 17cm, 국립경주박물관 소장.

오예!

096

# 나선애의 정리노트

## 1. 문무왕은 누구인가?

출신 - 태종 무열왕(김춘추)의 아들이자 김유신의 조카

업적 - 삼국 통일의 완성

무덤 - 불교식으로 화장 후 동해에 장사 지냄

## 2. 신문왕이 한 일은?

| 무엇을 했나? | 결과는? |
|---|---|
| 김흠돌의 난 진압<br>녹읍 폐지 | 왕권을 강화하고 귀족 세력을 약화시킴 |
| 9주 5소경 설치 | 넓어진 국토를 효율적으로 다스림 |
| 국학 설치 | 자신의 정책을 시행할 사람을 길러 냄 |

## 3. 신라의 국제 무역

주요 수출품 : 금은 제품, 인삼, 명주, 먹 등등

주요 수입품 : 양탄자, 상아, 후추, 유황, 수은, 유리그릇 등등

→ 당나라, 일본, 인도, 서아시아, 아라비아 등과 무역!

## 용선생의 역사 카페

역사계의 슈퍼스타,
용선생의 역사 카페에
오신 걸 환영합니다

Log in

게시판 ∨

📑 역사가 제일 쉬웠어용!

📑 이제는 더~ 말할 수 있다!

📑 필독! 용선생의 매력 탐구

📑 전교 1등 나선애의 비밀 노트

# 번영과 안정의 상징, 월지(안압지)

경주에는 월지라는 인공 연못이 있어. 흔히 안압지로도 많이 불러. 월지 옆에 있는 동궁은 태자가 생활하던 곳이자, 왕이 잔치를 벌이거나 제사를 지내는 곳이었지. 삼국 통일을 이뤄 낸 문무왕이 신라의 위엄을 뽐내기 위해 만들었대. 문무왕의 의도대로 월지는 신라의 위엄을 한껏 드러내고 있어. 일단 인공적으로 만들어졌다고는 믿기 어려울 만큼 거대해. 축구장 2개를 합친 것보다도 넓어서 연못가 어디에서 보아도 연못 전체가 다 보이지 않을 정도야. 물도 엄청 깊어서 웬만한 어른 키보다 큰 180센티미터나 돼. 게다가 돌을 쌓아 산을 만들고 기린이나 앵무새 등 신라에서는 보기 힘

월지

든 희귀한 짐승을 길렀대.

한편 월지에서는 3만 점이 넘는 다양한 유물들이 발굴되어서 신라 사람들의 화려한 생활을 엿볼 수 있어. 옷걸이와 문고리 장식, 의자 장식같이 별것 아닌 물건들도 금동으로 정교하게 만들었어. 또한 기와 하나를 구워도 연꽃이나 도깨비 등 화려한 무늬를 넣었지. 그중에서도 주목할 만한 물건은 주사위인데, 그 당시에도 주사위가 있었다니 신기하지? 아마 놀이의 벌칙용으로 쓰였던 것 같아. 각 면에 '술 석 잔을 단숨에 마시기', '음악 없이 춤추기' 등 각종 짓궂은 벌칙이 적혀 있거든.

월지에서 온갖 진수성찬을 차려 놓고 재미난 놀이를 하면서, 이 주사위로 서로에게 벌칙을 주는 신라 사람들의 모습을 상상해 봐. 얼마나 풍요롭고 화려했는지 상상이 가지?

**월지에서 발견된 가위**

**월지에서 발견된 주사위 (복제품)**
삼잔일거(三盞一去)는 '술 석 잔을 한 번에 마시기'란 뜻이야.

## COMMENTS

🐰 장하다 : 근데 왜 안압지라고 불러요?

　↳ 🐢 용선생 : 사실 안압지(雁鴨池)는 조선 시대에 붙여진 이름이야. '기러기[雁]와 오리[鴨]가 날아드는 연못[池]'이란 뜻이지. 그리고 '월지'라는 이름은 월성(신라 왕궁)의 동쪽에 있어서 붙여진 이름이야.

# 한국사 퀴즈 달인을 찾아라!

달인을 찾아라!

출발!

달인 트로피

## 01 ★★☆☆☆

삼국 통일을 이루어 낸 문무왕과 관련 있는 것들이야. 빈칸을 채워 줄래?

문무왕은 삼국 통일을 신라의 힘으로 이뤄 낸 것을 기념하기 위해 ○○를 만들었어. 여기서 벌칙이 적힌 주사위가 발견됐지. (                    )

문무왕은 툭하면 신라로 쳐들어오는 □□를 막기 위해, 자신이 죽으면 동해 바다에 장사를 지내 달라고 했어. (                    )

전설에 따르면, 신문왕은 대나무를 꺾어 △△△△을 만들었대. 이 피리를 불면 온 세상이 평화로워진대. (                    )

# 02 ★★★☆☆

다음 보기와 관련된 인물을 찾아봐.
(          )

> • 왕의 장인인 김흠돌이 반란을 일으켰다.
> • 왕은 반란을 진압하면서 사건과 관련된 사람은 왕의 장인이든, 최고 관직에 있는 사람이든 모두 처벌했다.
> • 이후 왕의 권한은 강해지고 귀족들의 힘은 약해졌다.

① 김유신          ② 태종 무열왕
③ 신문왕          ④ 을지문덕

# 03 ★★★★☆

다음 중 신문왕의 업적이 아닌 것을 골라 줄래? (          )

① 전국은 9개의 주로, 각 주는 다시 군과 현으로 나누었어.
② 관리들을 키워 내기 위해서 '국학'이라는 학교를 세웠어.
③ 귀족들의 힘을 줄이기 위해 관리들에게 주던 녹읍을 폐지했어.
④ 땅이 없는 백성들에게 땅을 나눠 주었어. 이 땅을 정전이라고 불러.

# 04 ★★★★★

다음은 어떤 전시전의 소개 글이야. 이 전시전에서 볼 수 있는 유물로 옳은 것은 무엇일까? (          )

> 신라는 울산항에서 여러 나라의 상인들과 적극적으로 교류했다. 이번 전시는 그 당시 신라가 교류했던 서역의 물건들을 볼 수 있도록 구성했다.

①
②
③
④
⑤

• 정답은 259쪽에서 확인하세요!

# 4교시

# 찬란하게 피어난
# 불교문화

통일 신라는 여러 왕을 거치며 나라의 기초를 튼튼히 닦았어.
정치가 안정되자 자연스럽게 문화도 발달하게 됐지.
통일 신라의 문화를 말할 때 절대로 빼놓을 수 없는 것이 바로 불교란다.
이 시대의 발전된 불교문화는 오늘날까지 전해지는 건축물과
예술 작품들 속에 고스란히 살아 있지. 오늘은 그 자취를 따라가 보자.

681 신문왕이 왕위에 오르다

686 원효가 세상을 떠나다

751 불국사와 석굴암 공사를 시작하다

771 성덕 대왕 신종을 완성하다

774 석굴암을 완성하다

785 원성왕이 왕위에 오르다

석굴암의 본존불

✔ 알고 있는 용어에 체크해 보자!

☐ 원효　　☐ 의상　　☐ 석굴암
☐ 불국사　☐ 석가탑　☐ 다보탑

"얘들아 빨리 와, 빨리! 선생님, 이러다 해 뜨겠어요!"

앞서가던 장하다가 뒤를 돌아보며 우렁찬 목소리로 외쳤다.

"어이구, 우리 하다는 아침부터 힘도 좋구나!"

꼴찌로 올라가던 왕수재가 용선생의 말을 받았다.

"제가 보기엔요, 헥헥, 장하다는 아직 유전자가, 헥헥…… 동물에 가까운 거 아닐까요? 진화가 심각하게 덜 된 거죠. 헥헥!"

"내가 보기엔 수재 너도 심각한 거 같은데?"

나선애의 말에 왕수재가 "그게 무슨 소리야?" 하며 발끈했다.

"운동 부족이 심각하다고. 겨우 이 정도 가지고 뭘 그렇게 헥헥거리니? 두기도 이렇게 잘만 올라가는데!"

"뭐? 그야 내가 어제, 헥헥, 배드민턴을 너무 열심히 쳤기 때문에 좀 피곤해서……."

하지만 아무도 수재의 말을 끝까지 듣지 않았다. 막 토함산 꼭대

기에 다다른 순간, 때마침 주홍빛 부챗살이 활짝 펼쳐지며 아이들의 넋을 쏙 빼놓았기 때문이었다.

"와아, 해 떴다!"

떠오르는 해 앞에서 아이들이 저마다 탄성을 올렸다. 장하다는 목이 터져라 "야호! 야호!" 하고 소리쳤다. 허영심은 휴대 전화를 들고는 떠오르는 해를 배경으로 자기 얼굴을 찍느라 정신

토함산 일출　토함산은 경주에서 가장 큰 산으로 높이는 745m야. 동해 바닷가 근처여서 안개가 자주 끼는데 그 모습이 마치 산이 안개를 들이마시고 토해 내는 것처럼 보인다고 해서 토함산이라고 불러.

이 없었다. 용선생도 두 팔을 쫙 뻗어 기지개를 켜며 "으라차!" 하고 외쳤다.

"그럼 해돋이도 봤겠다, 이제 슬슬 석굴암으로 출발해 볼까?"

용선생의 말에 갑자기 장하다가 땅바닥에 풀썩 주저앉았다.

"선생님, 더는 꼼짝도 못하겠어요. 밥부터 먹어요!"

아이들이 큭큭 웃었다. 하지만 배가 고프긴 모두 마찬가지였다.

 ## 해골에 담긴 썩은 물에서 깨친 진리

아침 일찍 일어나 해돋이를 보고 먹는 아침밥은 꿀맛이었다. 장하다는 밥을 두 그릇이나 먹어 치우고 남은 반찬까지 입에 퍼 넣고

있었다. 그 모습을 지켜보던 용선생이 말했다.

"하다야! 고기 맛이 좀 독특하지 않아? 이게 무슨 고기일까?"

"글쎄요? 소고긴가? 참, 선생님이 비싼 소고기를 사 주실 리가 없지. 그럼 돼지고기? 닭고기?"

"다 틀렸어. 이건 그렇게 평범한 고기가 아니야."

"평범한 게 아니면…… 혹시 뱀 고기?"

장하다는 '뱀이면 어때, 맛있으면 됐지' 하는 무심한 표정이었지만, 다른 아이들은 "엥?" 하며 인상을 찌푸렸다. 깜짝 놀란 용선생이 두 손을 휘휘 내저었다.

"어? 아냐 아냐! 이건 콩으로 만든 콩고기라고! 오늘 신라의 불교에 대해 공부할 거라서 채식 전문 식당에 와 본 거야."

그제야 아이들은 "휴~" 하고 안도의 숨을 내쉬었다. 그러자 용선생이 뭔가 생각난 듯 탁자를 쿵 내리쳤다.

"가만, 그러고 보니 금방 너희들의 놀란 표정이 원효 대사하고 다를 게 없구나!"

"원효 대사가 누군데요?"

"원효는 신라의 승려였어. 믿음과 학문이 깊은 훌륭한 승려였지. 그런데 원효가 그렇게 훌륭한 승려가 될 수 있었던 데는 그가 했던 특별한 경험이 아주 큰 영향을 끼쳤지. 무슨 이야긴지 궁금하니?"

아이들이 "네!" 하며 귀를 쫑긋 세웠다.

원효(617~686) 34세 때 의상과 함께 당나라 유학길에 올랐다가 고구려군에게 붙잡혀 되돌아왔어. 10년 뒤 다시 의상과 함께 당나라로 가려다가 깨달음을 얻었어.

의상(625~702) 귀족 출신으로 당나라에서 9년 동안 유학을 하고 돌아와 많은 제자들을 길러 냈어. 부석사, 낙산사 등 수많은 절을 지었어.

"원효는 불경 공부를 열심히 했어. 그런데 공부를 하면 할수록 뭔가 부족하다는 생각을 떨칠 수가 없었대. '더 많은 공부가 필요해. 그래, 좀 더 앞선 불교를 배우러 당나라로 유학을 가야겠어!' 이렇게 생각한 원효는 함께 공부를 하던 승려 의상과 당나라 유학길에 올랐어. 그러던 어느 날 밤, 갑자기 비가 내리는 바람에 굴속에서 하룻밤을 보내게 되었단다. 잠을 자던 원효는 한밤중에 목이 말라 잠에서 깼어. 더듬더듬 물을 찾는데, 마침 머리맡에 바가지가 놓여 있지 뭐야? 그 안에는 물까지 담겨 있었어. 원효는 당장 그 물을 벌컥벌컥 마셨지. 그랬더니 갈증이 싹 사라지는 게, 그렇게 달고 시원할 수가 없었어. 하지만 다음날 아침, 원효는 놀라운 사실을 알게 됐어! 두 사람이 잠을 잤던 곳은 굴이 아니라 무덤이었고, 바가지에 담긴 물은…… 해골에 고인 썩은 물이었던 거야!"

"에엑! 해골이요?"

아이들은 흠칫 놀라 몸을 웅크렸다.

"아까 너희들이 그랬던 것처럼 원효도 깜짝 놀랐어. 그리고는 자기도 모르게 구역질이 치밀어 올랐지. 그러다 한순간, 깨달음을 얻게 되었어. '그렇구나! 세상의 모든 것은 마음에 달려 있다. 사물에는 깨끗함도 더러움도 없다. 그렇다면 진리도 부처님의 뜻도 다 사람의 마음속에 들어 있는 것이로구나.' 이렇게 큰 깨달음을 얻은 원효는 발길을 돌려 신라로 되돌아왔어. 불경을 배우는 것보다는 진정으로 깨달음을 얻는 것이 더 중요하다는 걸 알게 되었기 때문이지."

"아니, 당나라 유학은 어떻게 하고요!"

유학이라는 말에 아까부터 기대에 차 있던 왕수재가 저도 모르게

원효의 일대기를 그린 두루마리 그림 원효와 의상의 이야기를 담고 있는 그림 중 하나야. 일본의 국보로 교토의 고잔지가 소장하고 있어. 일본에서도 원효와 의상이 얼마나 유명한지 알 수 있겠지?

목소리를 높였다.

"유학? 갈 필요가 없어진 거지. 모든 것이 사람의 마음에 달려 있다면 굳이 당나라에 가지 않고도 어느 곳에서나 진리를 깨달을 수 있는 법이니까."

아이들은 용선생의 이야기가 알쏭달쏭하긴 했지만, 그래도 원효가 얻었다는 깨달음이 어떤 것인지 조금쯤 알 것 같았다.

"그럼 돌아와서는 뭘 했나요?"

"응, 신라로 돌아온 원효는 불교를 쉽게 가르치는 데 온 힘을 기울였어. 그러자 불교를 믿는 백성들이 하나둘 늘어나게 되었단다."

"어? 신라에선 그 전부터 불교를 믿고 있었던 거 아니에요?"

나선애가 눈을 깜박거리며 물었다.

"물론 그랬지. 하지만 불교를 믿는 사람들은 대부분 왕족과 귀족들이었어. 불교를 알려면 경전을 읽어야 하는데, 백성들은 글을 읽

의상의 일대기를 그린 두루마리 그림 당나라에 간 의상은 선묘라는 여인을 만나게 돼. 의상을 사랑한 선묘는 의상이 공부를 끝내고 신라로 돌아가려 하자 바닷물에 몸을 던졌는데, 죽은 후에도 용이 되어 의상을 지켜 주었대.

을 줄 몰랐거든. 이런 상황에서 원효는 어떻게 하면 백성들에게 불교를 알릴 수 있을까를 고민했어. 그러던 어느 날 광대들이 노래를 부르고 춤을 추는 것을 보았지. 사람들이 너무나 즐거워하는 모습을 본 원효는 이거다 싶었어. 그래서 부처님 말씀을 노래로 만들어선 광대들과 함께 온 나라 곳곳을 돌아다니면서 자신이 만든 노래를 불렀어."

"오우! 멋있는 스님이었네요?"

장하다가 건들건들 어깨춤을 추며 말했다.

"그렇다고 원효가 공부를 게을리한 것은 아니야. 그는 불경 공부

도 무척 열심히 했어. 자신의 깨
달음에 맞추어 불경 속에 담긴
뜻을 새롭게 헤아릴 수 있는 방
법을 정리해 책으로 썼지. 그리
고 때와 장소를 가리지 않고 백
성들에게 쉽고 재미있게 불경의
가르침을 전했어. 그의 노력에
힘입어 점점 많은 백성들이 불
교를 알게 되고 진심으로 따르
게 되었어. 그 덕에 불교는 왕이
나 귀족처럼 높은 사람들뿐 아

낙산사 홍련암 강원도 양양군 오봉산에 있는 낙산사는 671년 의상이 처음
지었어. 의상은 낙산 동쪽 바닷가에서 관세음보살을 만났는데, 관세음보살이
정해 준 곳에 절을 짓고 낙산사라는 이름을 붙였다고 해. 낙산사는 2005년에
큰 불이 일어나 건물 대부분이 불탔는데, 다행히도 홍련암은 피해를 입지
않았어. 홍련암은 절벽 위에 지은 건물인데, 바닥에 뚫린 구멍으로 낭떠러지
아래의 동해 바다를 볼 수 있단다.

니라 온 나라 사람들의 마음을 하나로 모아 주는 정신적 기둥으로
완전히 자리 잡게 되었지. 원효의 책은 중국에서도 널리 읽혔는데
승려는 물론 일반 학자들까지 감탄할 정도로 새롭고 뛰어난 내용을
담고 있다고 해."

"그 스님은 당나라까지 유학 안 가길 참 잘하신 거네요."

두기의 말에 괜히 뜨끔해진 왕수재가 화제를 돌렸다.

"그럼 원효 말고 다른 스님 한 분은 어떻게 됐나요? 의상인가?"

"아, 의상은 당나라에서 높은 수준의 불교 지식을 익히고, 신라로
돌아와서는 많은 절들을 지었단다. 지금도 전국에 의상이 지었다고

하는 절들이 많이 있어. 원효가 왕족이나 귀족들뿐만 아니라 일반 백성들에게 불교를 보급했다면, 의상은 경주 이외의 지방으로 불교를 보급하는 데 큰 역할을 했지."

의상의 활약상을 듣자 왕수재는 금세 또 우쭐해졌다.

"자, 이제 아침밥도 든든히 먹었으니 다시 석굴암으로 출발!"

에밀레종에 귀 기울여 봐!

참고 영상

## 석굴암과 불국사는 누가 지었을까?

석굴암으로 향하는 길에는 향기로운 바람이 불었다. 길가에 지천으로 핀 꽃들 덕분이었다.

"석굴암은 무척 과학적으로 지어졌다고 하던데요. 석굴암을 만든 사람은 누굽니까?"

왕수재가 용선생의 곁으로 다가서며 물었다.

"응, 석굴암하고 좀 있다 보러 갈 불국사는 신라 35대 왕인 경덕왕 때 지어졌는데, 그때 높은 관리였던 김대성이라는 사람이 지은 거라고 알려져 있어. 하지만 그렇게 큰 공사를 어느 한 사람이 다 맡아서 했다는 건 믿기 어

성덕 대왕 신종  우리나라에 남아 있는 것 중 가장 큰 종으로 높이 3.4m, 지름이 2.27m, 무게는 18.9톤이래. 처음 봉덕사에 달았다고 해서 봉덕사종이라고도 하고, 아기 울음소리가 들린다고 하여 에밀레종이라고도 해. 경덕왕이 아버지 성덕왕의 공덕을 알리기 위해 만들기 시작했대. 국립경주박물관 소장. 국보.

려운 일이야. 아마 경덕왕이 왕실 차원에서 공사를 벌이고 김대성을 책임자로 정해 일을 맡겼던 게 아닐까 싶어. 어쨌건 결과적으로 지금은 석굴암과 불국사를 지은 사람이 김대성이라고만 전해지고 있는데, 여기에도 또 재미난 이야기가 있지!"

재미난 이야기라는 말에 아이들이 우르르 몰려들었다.

"옛날에 모량리라는 마을에 대성이라는 아이가 있었어. 홀어머니와 단둘이 살았는데 이웃의 부잣집 일을 거들면서 겨우 먹고사는 처지였지. 그런데 어느 날 그 부잣집에서 이들을 딱하게 여기고는 땅을 조금 나눠 줬어. 그 땅에서 농사를 지으면 두 식구가 굶지는 않을 것 같았지. 어머니는 무척 기뻐했어. 그런데 대성이가 이렇게 말하는 거야. '어머니, 스님이 말씀하시길 이번 생에서 부처님께 가  진 물건을 시주하면 다음 생에서 몇 배로 보답을 받을 수 있대요. 지금 우리가 이렇게 가난하게 사는 건 전생에 시주한 게 없기 때문일지도 몰라요. 그러니 이 땅을 시주해서 부처님께 바치면 다음 생에선 큰 복을 받을 수 있을 거예요.' 어머니는 아들의 말을 따라서 모처럼 생긴 땅을 절에 시주했어. 그런데 얼마 지나지 않아서 덜컥 대성이가 죽어 버리고 말았어."

"어머! 좋은 일을 했는데 왜 죽어요?"

허영심이 깜짝 놀라 말했다.

"글쎄, 더 들어 봐. 대성이가 죽은 바로 그 시간에 다른 마을의 한 부잣집 지붕에서 큰 소리가 울려 퍼졌어. '모량리의 김대성이 이 집에서 태어날 것이다!' 이상하게 생각한 집주인은 모량리에 사람을 보내 알아봤지. 그랬더니 얼마 전에 대성이라는 아이가 죽었다는 게 아니겠어? 얼마 뒤 부잣집 부인은 아이를 낳았는데 아이의 왼손에는 '대성'이란 글자가 쓰여 있었대. 부부는 기뻐하면서 모량리의 대성이 어머니까지 데려다 함께 살았대. 나중에 자라서 높은 관리가 된 대성은 전생의 어머니를 위해 석

굴암을 짓고, 현재의 부모님을 위해서는 불국사를 지었다는구나."

"나도 전생에 시주를 많이 했나? 이렇게 똑똑한 걸 보면!"

왕수재가 으스대자, 나선애가 "너 불교 안 믿잖아?" 하고 면박을 주었다.

"얘들아, 그런데 전생에 좋은 일을 했더니 다음 생에서 행복한 삶을 살게 되었다니, 반대로 생각하면 전생에 나쁜 일을 하면 다음 생에서 불행한 삶을 살게 된다는 이야기도 되겠지? 이런 생각을 '업(業)설'이라고 해. 지금 좋은 업을 쌓는가, 나쁜 업을 쌓는가에

따라서 미래가 달라지고, 다음 생까지 결정된다는 거지. 업에 대한 믿음은 통일 신라 불교의 큰 특징이었어. 김대성과 석굴암, 불국사에 얽힌 이야기도 업에 대한 믿음을 담고 있는 이야기야."

"그럼 신분이 높은 사람들은 전생에 좋은 일을 많이 했다는 뜻이겠네요?"

허영심의 말에 용선생이 "그렇지!" 했다.

"업설에 따르면 왕이나 귀족들은 전생에 좋은 일을 많이 했기 때문에 높은 신분으로 태어난 거지. 그러니까 왕이나 귀족이 많은 특권을 누리면서 부자로 사는 것은 아주 당연한 일이 되는 셈이고. 업설이 신라의 신분 제도를 뒷받침해 주고 있었다는 뜻이야."

저 멀리 목조 건물이 보이기 시작했다. 용선생은 목조 건물 안에 석굴암이 있다고 알려 주었다.

"석굴암이면 돌로 만든 굴이에요?"

곽두기가 물었다.

"맞아. 돌로 이루어진 굴속의 암자란 뜻이야. 불교는 인도에서 생겨난 종교야. 그리고 석굴 안에 부

**하늘에서 본 석굴암** 석굴암은 불국사와 함께 토함산의 깊은 자락에 위치하고 있어. 산의 경사면을 깎아 가장 높은 곳에 석굴암(왼편 상단)을 만들었어. 석굴암을 만나기 위해 계단을 올라가야 하는데, 계단 주변으로 석굴암을 세우는 데 사용했던 석재들을 볼 수 있어. 국보.

아잔타 석굴  인도 마하라슈트라주에 있는 석굴 사원으로, 29개의 석굴과 그 안의 수많은 불상 등을 확인할 수 있어.

처를 모시는 것도 인도에서 생겨난 풍속이고. 인도는 아주 덥고 건조한 나라라서 시원하고 습도도 적당히 유지되는 석굴을 파서 사원을 만든 거야. 인도에서 불교가 전파되면서 중국과 우리나라에도 석굴 문화가 함께 전해진 거고. 그런데 인도나 중국의 석굴 사원과 우리 신라의 석굴암은 결정적으로 큰 차이가 있어. 인도와 중국에선 커다란 바위산에 굴을 파서 사원을 지었지. 하지만 석굴암은 돌을 하나하나 쌓아 올려서 만든 거야.”

“왜 힘들게 돌을 쌓아 올렸을까요? 그보다 굴을 파는 게 더 쉽지 않아요?”

“그야 경우에 따라서 다르지. 너희들, 과학 시간에 화성암하고 퇴적암에 대해 배웠지?”

“화성암은 화산 속 마그마가 굳어서 생긴 돌이죠. 퇴적암은 작은 알갱이들이 퇴적되어 뭉친 돌이고!”

나선애가 대답하기 전에 선수를 친 왕수재가 씩 웃었다.

“좋아. 그럼 화성암은 단단하고 퇴적암은 무르다는 사실도 잘 알고 있겠지? 인도나 중국엔 대표적인 퇴적암인 사암이 많아. 그래

사암  모래로 만들어진 돌이야. 단단하지 않아서 손톱으로도 긁어낼 수 있어.

서 굴을 파기가 쉬워. 하지만 우리나라엔 화성암에 속하는 화강암
이 많지. 화강암은 아주 단단하기 때문에 굴을 파기가 어려워. 석
굴 사원을 만들 수도 없었겠지. 그렇다고 신라인들이 포기했느냐?
아니지! 꼭 바위를 파내야 석굴이 되는 게 아니다, 돌을 쌓아서 만
들면 된다! 이렇게 생각하고 돌을 짜 맞추어 인공 석굴을 만든 거
야. 석굴암은 석굴의 짜임새나 조각의 아름다움으로 모두가 인정하
는 세계 최고 수준의 석굴이지."

아이들은 줄을 지어 석굴 안으로 들어섰다. 입구에 들어설 때만
해도 우당탕 시끄럽던 아이들은 다음 순간 조용해졌다. 석굴 안에
흐르는 서늘하고 신비로운 분위기에 저절로 기가 눌린 모양이었다.

화강암 중국 남쪽의
화강이라는 곳에서
캐낸 바위가 유명해서
붙은 이름이야. 화산이
폭발할 때 마그마가 위로
올라오다가 중간에서
서서히 식으면서
만들어진 거지.

석굴암 석굴암은 처음 지어졌을 때는 '석불사'로 불렸대. 하지만 불국사에 속한 암자가 되면서
석굴암으로 바꿔 부르게 되었어. 751년에 짓기 시작해 774년에 완성됐지. 경상북도 경주시 토함산
동쪽에 있어. 국보.

## 깊은 굴 안에서 세상을 비추는 신비로운 불상

"석굴암은 신라 불교 예술의 전성기에 만들어진 최고의 작품이라고 평가받고 있어. 건축, 종교, 과학, 예술 등 다양한 분야의 성과가 이 속에 모두 담겨 있거든. 그래서 국보로 지정되었고, 1995년에는 불국사와 함께 유네스코 세계유산으로 등록되었어. 정말 자랑스럽지 않니?"

아이들은 조심스레 석굴암 여기저기를 둘러보았다.

"지금부터 석굴암을 한번 꼼꼼히 살펴보자. 석굴암은 네모난 공간인 '전실', 그리고 안쪽의 동그란 '주실', 그리고 두 곳을 연결해 주는 통로인 '비도'로 이루어져 있어. 네모난 전실은 땅을 나타내. 사람들이 기도를 드리는 공간이지. 바닥이며 천장도 모두 둥그런 모양을 하고 있는 주실은 하늘을 나타내. 이 둘을 연결하는 비도는 사람들이 사는 땅과 부처님의 세계인 하늘을 연결해 준다는 의미를 갖고 있단다. 방의 모양 하나까지도 다 뜻을 담아서 지은 거야."

장하다와 곽두기가 서로 마주 보고 커다란 불상의 표정을 따라했다. 입가에 힘을 주고 애매한 웃음을 띤 표정들이 아주 볼만했다.

"너희들 표정이 제법이다! 저 불상은 불교에서 여러 부처 중에 제일 으뜸으로 모시는 석가모니 부처가 깨달음을 얻은 순간을 표현한 거라고들 해. 또는 서방 정토에 있다는 아미타불이라고 하는 사

 **나선애의 개념 사전**

**서방 정토와 아미타불**
불교에서는 서쪽 멀리 이상적인 세계가 있다고 하는데, 그곳을 서방 정토라고 해. 천국이나 천당과 비슷한 말이야. 그리고 이 서방 정토에 있는 부처님이 아미타불이야.

람들도 있고. 절에서 저렇게 가운데 있는 부처를 '본존불'이라고 불러. 본존불 주변에 있는 불상들은 부처의 제자들을 조각한 십대 제자상, 관음보살상 등이야. 모두 합하면 수십 구나 되지. 이 불상들은 동아시아 불교 조각 중에서도 매우 뛰어난 것으로 손꼽히는 것들이야. 화려하고, 우아하고, 용맹스럽고……. 제각각 개성을 가지고 있지?"

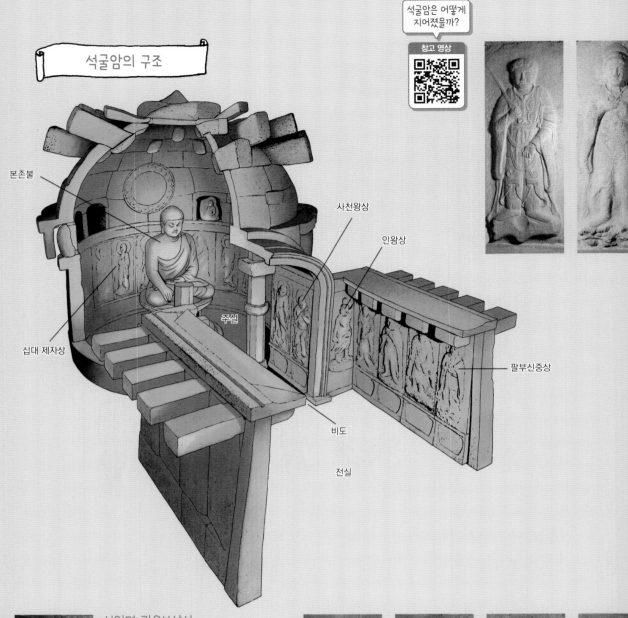

석굴암의 구조

석굴암은 어떻게 지어졌을까?

참고 영상

본존불

사천왕상

인왕상

십대 제자상

주실

팔부신중상

비도

전실

**십일면 관음보살상** 본존불 바로 뒤에 있어. 관음보살은 소리를 '보는' 보살이라는 뜻이야. 많은 사람들이 소원을 한꺼번에 말하면 정신이 없겠지? 그 소리를 다 듣지는 못하니까 볼 수 있는 보살이 된 거야. 보관(머리 위에 쓴 관)에 11개의 얼굴이 있어서 십일면 관음보살이라고 해.

**팔부신중상** 불법을 수호하고 나쁜 무리를 막는 8명의 신장(神將. 수호신)을 말해.

**사천왕상** 사천왕(四天王)은 하늘에 있는 4명의 왕이라는 뜻으로 각각 동서남북의 하늘을 지키는 수호신이야. 사천왕이 짓밟고 있는 것은 마귀나 나쁜 마음을 뜻해.

**인왕상** '금강역사상'이라고도 해. 금강역사는 금강저라는 무기를 들고 탑이나 절의 문을 지키는 수호신이야.

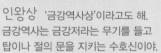

**십대 제자상** 석가모니 부처에게 직접 가르침을 받은 가장 덕 있는 10명의 제자를 말해. 본존불 뒤쪽에 있어.

용선생의 설명을 따라 아이들의 눈이 더욱 바쁘게 움직였다.

"너희들, 석굴암 안에 얼마나 많은 과학적 비밀이 숨어 있는지 모르지? 저 천장을 봐. 네모난 돌을 잇대서 둥글게 쌓아 올린 건데, 저런 돌들이 모두 360여 개나 된대. 가운데 있는 덮개돌의 무게만 20톤이나 된다고 하고. 돌을 쌓아 올려서 저렇게 둥근 형태를 만들려면 돌 하나하나의 위치를 아주 정확하게 계산해야 된대. 신라인들은 수학도 무척 잘했던 모양이야."

"후, 그렇담 난 신라인의 후손이었군."

왕수재가 거들먹거리자 이번에도 나선애가 "막 갖다 붙이긴!" 하고 쏘아붙였다.

"본존불 뒤에 새겨진 동그란 원도 한번 보렴. 사실 저건 동그라미가 아니라 조금 길쭉한 타원형이야. 하지만 아래에서 기도하던 사람이 올려다보면 완전히 둥근 모양으로 보인단다. 사람의 눈이 일으키는 착각, 그러니까 착시 현상까지 고려해서 만들었단 뜻이야. 그리고 본존불이 앉아 있는 방향에도 비밀이 숨어 있어. 본존불은

해가 떠오르는 동쪽을 바라보고 있는데, 정동쪽이 아니라 약간 남쪽을 향한 동쪽이야. 이 방향은 밤의 길이가 가장 긴 동짓날에 해가 뜨는 각도와 딱 맞아떨어진대. 왜 하필 동짓날 해가 뜨는 방향에 맞추었느냐? 아주 옛날부터 동짓날은 한 해의 시작으로 여겨졌거든. 새로운 한 해의 시작을 알리는 해가 떠오르면, 그 빛이 곧장 본존불의 이마를 비추게 되는 거야!"

"떠오르는 햇빛이 불상을 비추면 정말 아름다웠을 것 같아요!"

허영심이 두 손으로 얼굴을 감싸며 외쳤다. 그 말에 아이들은 아침에 보았던 해돋이를 떠올렸다. 막 떠오른 아침 해가 본존불의 이마에 가 닿는 순간은 생각만 해도 가슴이 두근거리는 장면이었다.

"왜 석굴암을 과학적이라고 얘기하는지 이제 확실히 알겠네요."

"그 옛날에 어떻게 복잡한 계산을 다 했는지, 신기해요."

거듭 감탄하는 아이들에게 용선생은 이제 불국사를 보러 가자고 했다.

땅 위에 세운 부처의 나라

불국사는 석굴암에서 그리 멀지 않은 곳에 자리하고 있었다. 절 입구로 들어가는 문 앞에서 곽두기가 현판에 걸린 글씨를 읽었다.

"부처 불(佛)에 나라 국(國), 부처님 나라라는 뜻이네?"

"그래! 신라 사람들은 이 땅에 부처의 나라를 만들고 싶었나 봐. 절 안에 들어가면 돌계단 아래까지는 사람들의 세상이지만, 계단 위는 부처의 나라란다. 얼른 들어가 보자."

용선생이 앞장서자 아이들이 쪼르르 그 뒤를 따랐다.

"우아, 정말 돌계단이 있네. 이렇게 생긴 절은 처음 봐요."

허영심이 신기한 듯 이리저리 두리번거렸다.

"저 돌계단은 하나처럼 보이지만, 사실은 둘이야. 먼저 오른쪽에 있는 계단을 볼까? 아래에 있는 계단은 백운교, 위에 있는 계단은 청운교. 저 계단을 오르면 정문인 자하문이 나와. 그러니까 흰 구름을 밟고, 푸른 구름을 밟은 뒤 보랏빛 연기로 자욱한 문을 지나 부처님 나라로 들어가는 거지. 왼쪽에 있는 또 다른 계단은 연화교와 칠보교야. 연화교에는 이름 그대로 연꽃무늬가 조각되어 있단다. 칠보교는 금·은·유리 등 일곱 개의 보배로 만든 다리를 말해. 저 계단을 오르면 극락전으로 갈 수 있지."

"근데 왜 계단에 '다리 교(橋)' 자를 붙였어요?"

불국사 청운교와 백운교  백운교(아래쪽)의 계단은 16개,
청운교(위쪽)의 계단은 17개로 모두 33개야. 부처의 나라에
들어가기 전 33개의 세계를 거치는 것을 상징해. 국보.

관음전

비로전

무설전

대웅전

다보탑

너희
아직 속세의
때가
묻었구나!

우린 부처님
나라에
있지롱!

석가탑

극락전

청운교
백운교

자하문

진짜
물이
흘렀네!

칠보교
연화교

안양문

불국사 연화교와 칠보교  연화교(아래쪽)의 계단은 10개,
칠보교(위쪽)의 계단은 8개로 모두 18개야. 일반 사람이 아닌
깨달음에 도달한 사람만이 다니는 계단이야. 국보.

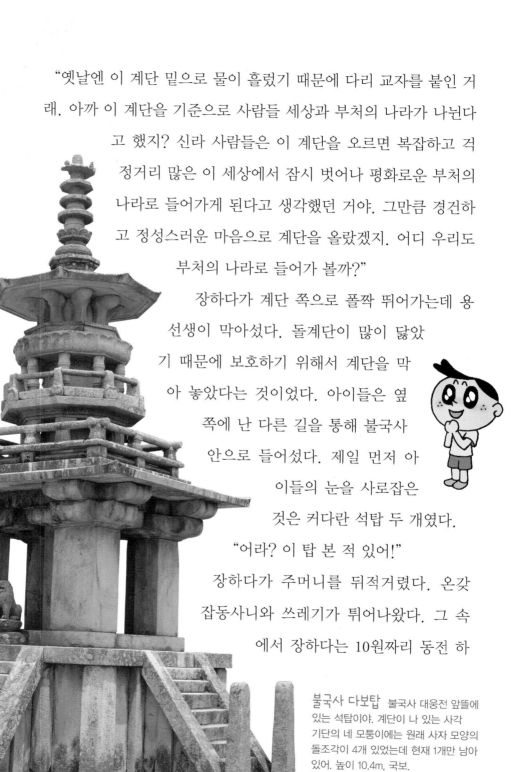

"옛날엔 이 계단 밑으로 물이 흘렀기 때문에 다리 교자를 붙인 거래. 아까 이 계단을 기준으로 사람들 세상과 부처의 나라가 나뉜다고 했지? 신라 사람들은 이 계단을 오르면 복잡하고 걱정거리 많은 이 세상에서 잠시 벗어나 평화로운 부처의 나라로 들어가게 된다고 생각했던 거야. 그만큼 경건하고 정성스러운 마음으로 계단을 올랐겠지. 어디 우리도 부처의 나라로 들어가 볼까?"

장하다가 계단 쪽으로 폴짝 뛰어가는데 용 선생이 막아섰다. 돌계단이 많이 닳았기 때문에 보호하기 위해서 계단을 막아 놓았다는 것이었다. 아이들은 옆 쪽에 난 다른 길을 통해 불국사 안으로 들어섰다. 제일 먼저 아이들의 눈을 사로잡은 것은 커다란 석탑 두 개였다.

"어라? 이 탑 본 적 있어!"

장하다가 주머니를 뒤적거렸다. 온갖 잡동사니와 쓰레기가 튀어나왔다. 그 속에서 장하다는 10원짜리 동전 하

**불국사 다보탑** 불국사 대웅전 앞뜰에 있는 석탑이야. 계단이 나 있는 사각 기단의 네 모퉁이에는 원래 사자 모양의 돌조각이 4개 있었는데 현재 1개만 남아 있어. 높이 10.4m, 국보.

나를 찾아냈다.

"이거다 이거! 선생님, 이 탑 맞죠?"

"맞아! 왼쪽에 있는 탑이 동전에 새겨져 있는 '다보탑'이야. 오른쪽에 있는 탑의 이름은 '불국사 삼층 석탑'인데, 흔히들 '석가탑'이라고 부르지. 다보탑과 석가탑은 우리나라의 대표적인 자랑거리 중 하나야."

"다보탑은 굉장히 복잡하네요. 음…… 정말 멋있어요. 근데 석가탑은 좀 밋밋한데요? 뭐 하지만 그런 대로 세련된 느낌이 있네요."

허영심이 나름 진지한 표정으로 두 탑을 번갈아 바라보며 말했다.

"그래, 영심이뿐 아니라 다들 비슷한 느낌을 받았을 거야. 다보탑은 우리나라는 물론 중국이나 일본, 그 어디에서도 찾아볼 수 없는 독특한 생김새를 하고 있단다. 단단한 화강암으로 저렇게 화려하고 섬세한 탑을 만들었다는 게 참 놀랍지. 그에 비하면 석가탑은 확실히 소박하고 검소해 보여. 하지만 잘 보면 탑의 모

**불국사 삼층 석탑** 다보탑과 마주 서 있는 3층 석탑이야. 2층의 기단 위에 3층의 탑을 쌓아 올렸어. 원래 탑의 이름은 '석가여래 상주설법탑'인데, 줄여서 '석가탑'이라고 불러. 높이 8.2m, 국보.

서리가 위로 치솟아 있어서 마치 하늘로 날아오르는 듯한 느낌을 주지. 그리고 탑 몸돌에 화려한 조각 같은 것은 없지만, 탑의 높이와 너비의 비례가 매우 안정적으로 보여. 어디 하나 어색한 부분 없이 조화로워 보이지 않니? 선생님은 정말 흠잡을 데가 없는 탑이라는 생각이 들어."

"근데 어느 절에 가도 저런 탑이 있는 거 같아요. 크기나 층수는 좀 달라도 석가탑이랑 다들 비슷해 보이던데."

"그래, 맞아. 그런데 그 탑들은 대부분 석가탑을 모델로 해서 만들어진 것들이란다. 석가탑의 모양에서 층수를 조금 더 늘린다든지, 비례를 조금 다르게 한다든지 하는 변화를 줘서 탑을 만든 거야. 그러니 석가탑을 우리나라 석탑의 교과서라고 할 수 있겠지?"

"그렇게 대단한 탑인 거예요? 그러고 보니 좀 달라 보이네요. 흠잡을 데가 없다는 말도 어떤 의미인지 알 것 같아요."

나선애가 석가탑 사진을 찍으며 말했다.

"이 석가탑에서는 《무구 정광 대다라니경》이라는 책도 나왔어."

"책이 어디서 나와요?

땅속에 묻혀 있었나?"

"탑을 보수 공사하기 위해 해체했을 때 탑 안에서 나왔어. 이렇게 보면 탑 안에 빈 공간 없이 꽉 차 있을 것 같지만, 사실은 탑 안에 공간이 있단다. 지난번에 봤던 백제의 미륵사지 석탑 안에서도 사리 항아리 등이 나왔었지? 석가탑의 2층 몸돌 안에서도 사리함과 함께 책이 나온 거지. 이 책을 세계에서 가장 오래된 목판 인쇄물로 보기도 해. 목판 인쇄물이란 나무에 글자를 새겨서 먹을 묻혀 찍어 낸 것을 말하지."

"근데 탑 안에 책은 왜 넣는 거예요? 부처님한테 예배를 드리는 거니까 사리를 모시는 건 알겠는데."

"부처님의 사리를 모시면 좋겠지만, 부처님의 사리가 수백수천 개 절에 모실 수 있을 정도로 많지는 않겠지? 그래서 부처님의 말씀이 담긴 불경을 탑에 모시고 예배를 드리는 거야. 부처님의 몸인 사리나 부처님의 말씀인 불경이나 모두 소중하게 생각했던 거지."

용선생은 대웅전을 둘러보자며 다시 앞장을 섰다. 대웅전에서는

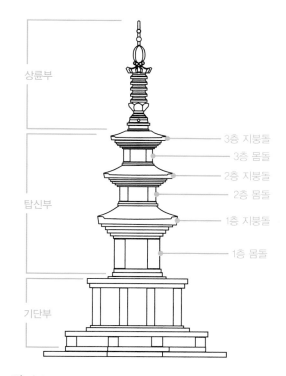

상륜부

3층 지붕돌
3층 몸돌
2층 지붕돌
2층 몸돌
1층 지붕돌

1층 몸돌

탑신부

기단부

탑의 구조 탑은 크게 몸통을 지탱하는 '기단부'와 몸통의 '탑신부', 몸통 위를 꾸며 주는 '상륜부'로 구성되어 있어. 몸통은 3층, 5층, 9층 등 여러 층으로 쌓았는데, 한 층은 '몸돌'과 몸통을 덮는 '지붕돌'이 짝을 이루고 있지. 따라서 탑의 층수를 셀 때에는 지붕돌의 수를 세면 대개 정확하게 셀 수 있단다.

## 세계유산 경주, 한눈에 둘러보기

천 년의 왕국 신라, 그리고 그만큼 오랫동안 수도였던 경주는 도시 전체가 유적지라고 할 만큼 수많은 유적과 유물이 남아 있어. 유네스코 세계유산으로 지정되면서 세계적으로도 그 가치를 인정받은 경주 시내와 그 주변을 한번 쭉 둘러보자꾸나.

경주
한 바퀴!

용선생 현장 강의

첨성대 선덕 여왕 때 지어졌는데, 천문을 관측하기 위해 만든 것 같아. 사각형의 받침돌 위에 27단의 돌을 쌓아 몸체를 만들고, 다시 꼭대기에 사각형 돌을 2단으로 얹어 놓았어. 높이 약 9.5m. 국보.

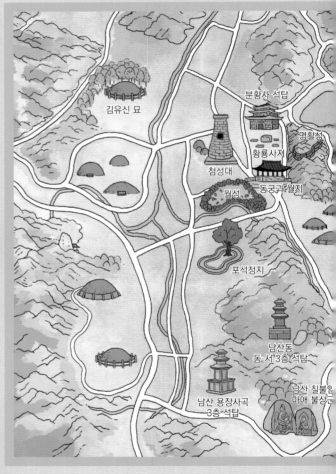

김유신 묘
분황사 석탑
명활성
황룡사지
첨성대
월성
동궁과 월지
포석정지
남산동 동·서 3층 석탑
남산 칠불암 마애 불상군
남산 용장사곡 3층 석탑

김유신묘 삼국 통일의 일등 공신인 김유신 장군의 무덤이야. 전망 좋은 구릉 위의 울창산 소나무숲 속에 자리하고 있어. 무덤 둘레에는 무덤을 지키는 호석이 있는데, 호석에는 십이지신상이 새겨져 있어. 사적.

김유신묘의 십이지신상 십이지신은 땅을 지키는 12명의 신을 말해. 동물의 얼굴과 사람의 몸을 하고 있는데, 왼쪽부터 쥐, 소, 호랑이, 토끼, 용, 뱀, 말, 양, 원숭이, 닭, 개, 돼지를 새겨 놓은 거야.

남산 용장사곡 삼층 석탑 경주 남산은 야외 박물관이라고 불릴 만큼 많은 불교 문화유산이 분포되어 있어. 산중 곳곳에 탑, 불상 등이 있는데, 그 수가 무려 460점이 넘는단다. 용장사곡 3층 석탑은 산봉우리 정상에 있는데, 바위산을 기단으로 삼아 바로 그 위에 탑을 쌓았어. 높이 4.42m. 보물.

황룡사지 황룡사는 신라에서 제일 큰 절이었어. 황룡사에는 높이 80m에 이르는 9층 목탑이 있었는데, 13세기 몽골이 침략했을 때 불타 없어졌어. 사진은 황룡사 내에서 9층 목탑이 있었던 것으로 추측되는 곳이야. 사적.

명활성 명활성은 경주의 외곽을 방어하는 성이었는데, 둘레가 6km에 달해. 사적.

석굴암 본존불 석굴암 안에 모셔져 있는 본존불의 위엄이 압도적이지 않니? 높이 3.26m. 국보.

감은사지 감은사는 신문왕이 아버지 문무왕을 기리기 위해 지은 절이야. 현재는 석탑 2기와 건물의 주춧돌만 남아 있어. 사적.

남산 칠불암 마애 불상군 왼쪽에 있는 바위 면에 3구의 불상이 새겨져 있고, 또 그 앞 돌기둥에 4구의 불상이 새겨져 있어. 이를 합쳐 칠불암이라고 불러. 국보.

문무 대왕릉 대왕암이라고도 해. 문무왕은 죽어서도 용이 되어 신라를 지키겠다고 바다에 묻어 달라고 했어. 그래서 신문왕이 아버지의 뜻에 따라 만든 것으로 보이는 무덤이 바로 대왕암이야. 사적.

《무구 정광 대다라니경》 석가탑에서 발견된 두루마리 경전이야. 세계에서 가장 오래된 인쇄물로 보는 사람도 있어. '무구 정광'은 한없이 맑고 깨끗하고 영롱한 빛이란 뜻이고, '다라니경'은 부처님 말씀을 담은 경전이란 뜻이래. 가로 6.42m. 불국사 성보박물관 소장. 국보.

여남은 사람들이 커다란 석가모니불 앞에서 기도를 올리고 있었다. 장하다가 "여기까지 온 김에 부처님한테 소원을 빌어야겠다"면서 불쑥 신발을 벗고 올라서더니 절을 했다. 절을 하고 내려온 하다에게 두기가 무슨 소원을 빌었는지 물었다.

"다음 생에도 사람으로 태어나서 맛있는 음식 많이 먹게 해 달라고. 히히!"

어느덧 오후 해가 길게 늘어지고, 다시 서울로 돌아갈 시간이 가까워 오고 있었다.

"얘들아, 경주 여행 즐거웠지? 오늘 배운 것 중에서 제일 기억에 남는 점 하나씩 말해 볼까?"

나선애가 먼저 운을 뗐다.

"통일 신라는 불교 빼놓고는 이야기를 못하겠어요."

그러자 왕수재가 서두르며 말했다.

"통일 신라 사람들은 나처럼 정말 똑똑했다는 점! 이걸 빼놓으면 안 되죠."

"그리고 예술적인 수준도 아주 높았던 것 같아요."

"맞아, 석굴암도 불국사도 정말 멋져요."

허영심과 곽두기까지 한마디씩 하는 동안 잠자코 생각에 잠겨 있던 장하다가 입을 열었다.

"선생님! 저는 서울보다 경주가 훨씬 좋은 것 같아요. 재미있는 데도 많고, 신기한 이야기도 잔뜩 있고, 또 맛있는 음식도 많고. 그냥 여기서 살았음 좋겠어요. 가만! 나 그냥 여기서 살까?"

"응? 하다 형, 그게 무슨 소리야?"

깜짝 놀란 두기가 장하다의 소매를 붙들었다.

"그래, 절에서 살면 되겠다! 두기야, 형 서울 안 갈래. 스님 돼서 부처님 나라에서 살래!"

아이들이 좀 말려 달란 눈빛으로 용선생을 간절하게 바라보았다. 그러나 용선생은 어쩐 일인지 싱글벙글 웃으며 그냥 앞장서 걷기 시작했다.

"정 그렇다면 할 수 없지. 애들아, 우리끼리 쌈밥 먹으러 가자.

신선한 채소에 고기 듬뿍 올려서 입이 찢어지도록 먹는 거야…….
하다는 스님 될 거니까 고기 안 먹을 거지?"

　그 말에 정신이 번쩍 든 장하다가 "취소! 취소! 쌈밥 먹고 나서 스
님 될래요!" 손사래를 치며 용선생을 쫓아가고, 아이들도 쪼르르
그 뒤를 따랐다.

# 나선애의 정리노트

## 1. 원효 VS 의상

|  | 원효 | 의상 |
|---|---|---|
| 유학은? | 당나라 유학을 포기함 | 당나라에서 공부함 |
| 관심은? | 불교의 대중화 | 지방 사회까지 불교 보급 |

## 2. 통일 신라의 대표적인 불교 문화유산

| 사원 | 석탑 | 종 | 책 |
|---|---|---|---|
| ·불국사 : 땅 위에 세운 부처의 나라 (유네스코 세계유산)<br><br>·석굴암 : 인공적으로 만든 석굴 사원 (유네스코 세계유산) | ·감은사지 삼층 석탑 : 신문왕이 아버지를 위해 지음<br><br>·다보탑 : 10원짜리 동전 모델<br><br>·석가탑 : 우리나라 석탑의 교과서 | ·성덕 대왕 신종 : 에밀레종 혹은 봉덕사종이라고 도 함 | ·《무구 정광 대다라니경》 : 불국사의 석가탑에서 발견됨 우리나라에서 가장 오래된 목판 인쇄물 |

**용선생의 역사 카페**

역사계의 슈퍼스타,
용선생의 역사 카페에
오신 걸 환영합니다

Log in

게시판 ▼

📄 역사가 제일 쉬웠어용!
📄 이제는 더~ 말할 수 있다!
📄 필독! 용선생의 매력 탐구
📄 전교 1등 나선애의 비밀 노트

# 석굴암이 위험하다!

지금은 석굴암에 가도 가까이서 석굴암의 조각상들을 볼 수 없어. 석굴암을 보호하기 위해 유리벽으로 막아 놓았기 때문이야. 그런데 원래 석굴암에는 유리벽도 없고 목조 건물 같은 것도 없었어. 유리벽 없이도 석굴암을 잘 보존할 수 있는 비결이 있었거든.

석굴 안이 더워지면 습기가 차고 불상에 물방울이 맺혀 상하기 쉬워. 그래서 신라인들은 습기가 차는 것을 막기 위해 석굴암 밑으로 샘물이 흐르게 했어. 차가운 샘물이 석굴 안을 시원하게 만든 거야. 한마디로 자동 온도 조절 장치였던 셈이지. 이런 장치 덕에 석굴암은 오래도록 원래 모습을 유지할 수 있었어.

**조선 총독부가 수리하기 전인 1910년 무렵의 석굴암**

문제는 일본이 조선을 지배하게 되면서 생겨났어. 1913년에 일본이 석굴암을 보수한답시고 콘크리트를 꽁꽁 발라 버린 거야. 그 당시만 해도 최신 기술이었던 콘크리트 공법을 석굴암 복원에 사용한 건데, 그게 화강암을 손상시킨다는 사실을 몰랐던 거지. 게다가 석굴 밑을 흐르던 샘물의 방향도 바꿔 버렸어. 그러자 습기가 더욱 차올라 벽면에 물이 흐르고, 푸른 이끼가 불상을 뒤덮기 시작했어. 물기를 먹은 돌들은 쉽게 바스러질 정도로 약해졌지. 설상가상으로 석굴암의 본래 모습과 다르게 복원해 버렸지 뭐야.

일본이 물러간 후, 우리 정부는 복원 공사를 했어. 습기가 들어오지 못하도록 바깥에 목조 건물을 짓고, 불상 앞은 유리벽으로 막았지. 하지만 그렇게 해도 굴 안에 차오르는 습기를 다 막을 순 없었어. 그래서 지금은 에어컨과 난방기를 틀어서 습도를 조절하고 있어. 석굴암은 1,200여 년이라는 긴 세월 동안 스스로 온도와 습도를 조절해 온 놀라운 능력을 영영 잃어버리고 만 거야.

COMMENTS

곽두기 : 석굴암을 원래 모습대로 복원할 순 없나요?

  용선생 : 불가능해. 콘크리트를 떼어 내리면 석굴암에 큰 충격을 가해야 하거든.

# 한국사 퀴즈 달인을 찾아라!

## 01 ★★☆☆☆

김대성이 지었다고 알려져 있는 불교 문화유산의 이름을 각각 적어 줄래?

(       )     (        )

## 02 ★★☆☆☆

불교를 공부하기 위해 당나라 유학길에 오른 신라의 두 승려, 원효와 의상. 그런데 갑자기 한 명은 도중에 유학 가는 걸 포기했지 뭐야.

"물론 여기까지 와서 당나라 유학을 포기하는 건 매우 아까운 일일 수 있지만, 저는 그래도 가지 않겠습니다. 왜 이런 결정을 내렸냐고요? 어젯밤에 그렇게 아늑했던 굴이 사실은 무덤이었고, 그렇게 달게 마신 물이 사실 해골 바가지에 담긴 물이었다는 걸 알아차렸기 때문입니다. 이렇게 하룻밤을 겪고 보니, 세상의 모든 것은 마음에 달려 있다는 걸 깨달았습니다. 그래서 당나라에 가지 않기로 결정한 것이지요. 이미 진리를 깨달았는데, 무엇하러 당나라에 가서 공부를 하겠습니까?"

이렇게 말하며 당나라 유학을 포기한 사람은 원효일까, 의상일까?

확률은 반! (        )

# 04 ★★★★★

밑줄 그은 '이 탑'에 대한 설명으로 옳은 것은 무엇일까? (         )

## 무구 정광 대다라니경

이 탑의 2층 몸돌 안에서 발견된 두루마리 경전이다 깨달음을 얻기 위해 외우는 다라니경을 닥종이에 인 쇄한 것으로, 이 책을 세계에서 가장 오래된 목판 인 쇄술로 보기도 한다.

① 나무로 만들어졌다.

② 백제가 만든 탑이다.

③ 10원짜리 동전에 새겨져 있다.

④ 많은 탑들이 이 탑을 모델로 해서 만들어 졌다.

# 03 ★★★☆☆

역사반 아이들이 경주에서 찍어 온 사진을 정리하고 있어. 그런데 통일 신라의 유물이 아닌 게 섞여 있는 것 같아. 어떤 사진인지 찾아 줄래? (         )

①

②

③

④

• 정답은 259쪽에서 확인하세요!

# 5교시

# 흔들리는 신라,
# 장보고의 꿈과 좌절

신라와 당나라의 교류는 무척 활발했어.
당나라에 건너가서 사는 신라 사람들도 많이 생겨났지.
당나라에서 활약했던 사람 중에 유명한 사람이 장보고야.
장보고는 신라로 돌아와서 청해진을 설치하고 해적들을 소탕했어.
또 해상 무역을 통해 부를 쌓기도 했고.
오늘은 장보고가 살았던 시기의 신라 이야기를 해보자.

774
석굴암을
완성하다

원성왕이
왕위에
오르다

김헌창이
반란을
일으키다

장보고가
청해진을
세우다

장보고가
암살당하다

원종과
애노가
반란을
일으키다

785    822    828    841    889

장보고 무역선(복원

✔ 알고 있는 용어에 체크해 보자!

☐ 장보고   ☐ 청해진   ☐ 혜초   ☐ 최치원

"경로를 재검색합니다."

내비게이션에서 소리가 들리자 아이들이 불만을 터뜨렸다.

"선생님! 몇 번째예요? 좀 내비게이션이 가라는 대로 가세요!"

"아 그게 말이다. 그렇게 갔는데 얘가 또 이러네."

용선생은 당황해서 땀을 흘렸다. 조수석에 앉아 있던 곽두기가 창밖을 가리키며 말했다.

"저건 뭐예요? 엄청 큰 동상 같네."

"그래, 저 동상부터 먼저 보자."

용선생이 거대한 동상 옆에 차를 세우며 원래 여기에 오려던 것이었다고 둘러댔다. 아이들은 아무도 믿지 않았지만.

"너희들 '바다의 왕자'가 누군지 아니?"

"그 개그맨 아저씨 얘기하시는 거예요?"

"하하, 아니야. 이 동상의 주인공. 바로 장보고를 말하지."

"우아, 진짜 크다! 이 아저씨가 장보고예요?"

"왜 바다의 왕자라고 부르는데요?"

"지금부터 잘 들어보렴."

 ## 당나라에서 활동한 신라 사람들

"신라는 당나라와 아주 친하게 지냈단다. 삼국 통일할 때 전쟁을 하기도 했지만, 이후에 관계를 회복하고 나서는 많은 교류가 이뤄졌어. 당나라도 외국과의 교류에 적극적인 편이었고, 신라 역시 다른 나라들과 활발히 교류했거든. 지난번에 서역 상인들이 가지고 왔다는 물건들도 봤었잖니?"

장보고 동상  완도에 세워진 높이 31.7m 의 거대한 동상이야. 오른손의 칼은 무인을 상징하고, 왼손의 두루마리는 상인을 상징한다고 해.

**장안성 시장 풍경**
당나라의 수도인 장안성의
시장 풍경이야. 장안은
동양과 서양의 문화
교류가 이루어지던
실크로드의 시작점이자,
세계 여러 나라 사람들로
붐비는 국제적인 도시였어.

"아, 그 목걸이 정말 예뻤었는데."

허영심이 경주 박물관에서 봤던 신라의 유물들을 떠올렸다.

"그렇게 개방적인 두 나라였으니 교류가 얼마나 활발했겠니. 그래서 아예 당나라에 살았던 신라 사람들도 있었어. 당나라에는 신라인들이 모여 사는 마을까지 생길 정도였단다. 지금의 한인 타운이나 차이나타운처럼 말이야. 그 마을의 이름까지 '신라방'이라고 했지. 마을 안에는 신라인들의 관청인 '신라소'와 신라인들의 절인 '신라원'도 있었대."

"와, 무지 친했나 보네. 신라 사람들은 당나라까지 가서 무슨 일을 했는데요?"

"여러 가지 일을 했지. 배를 만드는 사람도 있었고 칼을 만드는 사람, 소금을 만드는 사람도 있었대. 하지만 신라방의 신라인 중에

《왕오천축국전》 '왕'이란 그곳에 갔다는 뜻이고, '오천축국'은 당시 다섯 지방으로 나뉘어 있었던 인도를 말해. 혜초는 인도를 다녀와서 쓴 여행기지. 1908년 프랑스의 탐험가였던 펠리오가 중국 둔황 석굴에서 이 책을 발견했어. 현재 프랑스 국립 도서관에 소장되어 있어.

혜초(704~787)
열여섯 살 때 중국으로 건너가 5년 동안 불경을 공부한 후 4년 동안 인도를 여행했어.

는 상인들이 가장 많았어. 그들은 당나라의 해안 지역 곳곳에서 장사를 하면서 두 나라의 문화 교류에도 앞장서고 당나라에 유학 온 신라의 스님과 학생들이 잘 적응할 수 있도록 도와주기도 했지."

그때 갑자기 왕수재가 낮게 목소리를 깔며 용선생을 불렀다.

"선생님! 그 유학생들에 대해 조금 더 얘기해 주시면 안 될까요? 아시겠지만, 저도 나중에 유학을 갈 거라서요."

"응? 허허, 그러지 뭐. 그때 신라의 많은 사람들이 당나라로 유학을 갔어. 우선 당나라는 불교가 크게 발전해 있었기 때문에 불교를 공부하러 간 승려들이 많았지. 의상도 불교를 공부하기 위해 당나라로 갔었고, 당나라에 있던 혜초는 아예 불교가 처음 생겨난 나라인 인도까지 건너갔단다. 혜초는 4년 동안 인도를 비롯한 중앙아시아 여러 지역을 떠돌아다니며 불교를 공부했어. 그러곤 이때의 경험을 《왕오천축국전》이라는 책에 담았지. 이 책은 인도와 중앙아시아 여러 나라의 역사를 담은 소중한 자료란다."

왕수재가 "크~" 하며 길게 감탄했다.

"당나라에 유학 간 신라인들은 그냥 공부만 하다가 돌아온 게 아니야. 아예 당나라에서 과거 시험을 치르고 관리가 된 사람들도 많았지. 당나라에는 '빈공과'라는 외국인들을 위한 과거 시험 제도가 있었어. 그런데 사실 빈공과는 신라 사람들의 독무대나 다름없었어. 빈공과가 생긴 뒤 제일 처음 합격한 사람도 김운경이라는 신라 사람이었고, 이후에 당나라가 망할 때까지 빈공과에 합격한 사람이 전부 70여 명이었는데 그중 58명이 신라인이었거든. 특히 최치원은 18세라는 어린 나이에, 그것도 단 한 번에 빈공과에 합격했어. 그렇게 어린 나이에 빈공과에 합격하기란 보통 어려운 일이 아니었대. 그러니 당나라 사람들은 깜짝 놀랐겠지. 관리가 된 최치원은 이번엔 훌륭한 글솜씨로 또 당나라 사람들을 놀라게 했지. 황소라는 사람이

최치원(857~?)
어려서부터 총명하고
학문을 좋아했대.
열두 살 때 당나라로
'조기 유학'을
떠나서 열여덟 살 때
빈공과에 합격했어.

반란을 일으켰는데, 최치원이 황소를 토벌해야 한다고 글을 썼지. 황소는 자신을 꾸짖는 최치원의 글을 읽고는, 덜컥 겁이 나서 의자에서 굴러 떨어졌다는 이야기가 전해질 정도야. 그 뒤 최치원의 명성은 더욱 높아졌지. 이때 그가 쓴 〈토황소격문〉이라는 글은 당나라의 관리들이 다 아는 유명한 글이 되었대."

수재가 다시 "크으으~" 하고 감탄사를 길게 뽑았다.

"여기 동상으로 서 있는 장보고도 당나라에서 활동을 했던 거에요?"

"그렇지. 최치원만큼이나 당나라와 신라, 그리고 일본에까지 유명했던 사람이지. 여기 동상 전망대에 올라가서 완도 앞바다를 구경하면서 장보고가 살았을 때 신라 얘기를 해보자꾸나."

 ## 장보고가 당나라로 갈 수밖에 없었던 까닭

장보고 동상의 뒤쪽은 배의 모양을 하고 있었다. 배 모양의 입구로 들어가니 전망대로 올라갈 수 있었다.

"동상이 여기 있는 걸 보니 장보고는 완도 사람이었나 봐요?"

"확실하지는 않지만 아마도 완도 출신이었을 것이라고 생각돼. 어렸을 때 이름은 '활을 잘 쏘는 사람'이란 뜻의 '궁복'이었는데, 어른이 된 뒤에 당나라로 건너가 이름을 '장보고'로 바꾼 거래."

"그럼 원래는 궁씨였어요? 궁씨는 처음 들어 보는 성인데."

"아니, 성은 없고 이름이 궁복이었어. 신라에서 성을 가질 수 있는 건 왕족이나 귀족들뿐이었거든. 궁복도 귀족이 아니었으니 당연히 성이 없었지. 당나라로 간 궁복, 즉 장보고는 군인이 되었어. 어려서부터 무술 솜씨가 뛰어났던 그는 여러 전투에 나가 공을 세우며 금방 사람들의 주목을 받게 됐지. 중국 역사책에 보면 '신라 출신 장보고가 활을 쏘면 백발백중이다'라는 기록이 있을 정도였대. 결국 실력과 공을 인정받은 장보고는 군대를 지휘하는 장교의 자리에 올랐어."

"선생님, 그런데 왜 신라의 장교가 되지 않고 당나라의 장교가 됐어요?"

나선애가 이해할 수 없다는 듯 물었다.

"원래 뛰어난 인재들은 국제적으로 노는 법이거든. 신라 장교로는 성에 안 찼겠지!"

왕수재가 당연한 걸 뭘 묻느냐는 표정으로 말했지만, 용선생은 고개를 저었다.

"수재야, 장보고는 어쩔 수 없이 당나라에 가게 된 거야. 신라에서는 꿈을 이룰 수 없었으니까. 신라에는 특별한 이름의 신분 제도가 있다고 했었지?"

"골품제요! 골과 품으로 신분을 나누고, 신분에 따라 옷 입는 것이나 집까지 정해져 있다고 하셨잖아요."

나선애가 재빨리 대답했다.

"그래. 그런데 그마저도 중앙의 지배층들 얘기고, 지방 사람들은 중앙 정치에 참여할 기회조차 주어지지 않았어. 장보고는 지방 출신에 신분도 높지 않았던 것 같아. 그래서 신라에서는 군인으로서 성공하기 어려웠지."

"골품제는 참 답답한 제도 같아요."

"맞아, 골품제는 각 신분에 따라 올라갈 수 있는 관리 등급을 매우 엄격하게 제한하고 있고, 신분이 상승할 수 있는 여지도 거의 없으니까. 그리고 신라가 작은 나라였을 때 만든 제도이니 나라가 몇 배나 커진 통일 신라에 그대로 적용하기에는 매우 문제가 많았단다. 장보고가 살았을 때도 골품제에 불만을 느낀 사람들이 늘어나고 있었어. 똑똑하고 능력이 있거나, 또는 지방에서 무력과 경제력을 쌓은 사람들이라고 해도 중앙의 정치에 참여할 수 있는 길은 처음부터 차단되어 있었으니까. 만약 요즘 대통령이나 국회 의원을 뽑는데, 서울에서 태어난 사람 가운데 특정 집안 출신만 자격이 있다고 하면 어떻게 되겠니? 말도 안되겠지? 그런데 골품제는 그런 식이었으니 당연히 불만이 커질 수밖에 없었지."

용선생은 전망대에서 완도 앞바다를 훤히 바라보며 이야기를 이어갔다.

"어쨌든 장보고는 당나라로 건너갔어. 당나라는 신라만큼 신분제도가 엄격하지는 않았어. 또 외국인이라도 능력이 있으면 대우해 주는 분위기였지. 특히 당시에는 사방에서 크고 작은 반란이 일어나는 바람에 나라가 어지러웠단다. 그래서 무술이 뛰어난 사람이라면 당나라 사람이 아니라도 잘 대해 줬지."

## 흔들리는 신라 왕실

"그럼 장보고는 계속 당나라에만 있었나요?"

"아니. 결국 신라로 돌아왔어. 신라 백성들이 해적들 때문에 고통받는 것을 모른 척하고만 있을 수가 없었거든."

"해적이요? 보물섬을 찾아다니는 해적?"

장하다가 책에서 본 해적의 모습을 떠올리며 흥분하자, 용선생이 빙그레 웃음을 지었다.

"하다야, 그때 나타난 해적들은 동화 속에 나오는 해적하고는 완전히 달랐어. 죄 없는 사람들을 괴롭히는 바다의 도적일 뿐이었지. 그 무렵 신라 앞바다에 나타나던 해적들은 지나가는 배를 공격해서 물건을 빼앗고 사람들을 붙잡아 먼 곳에 노비로 팔아 버렸어. 그래서 바닷길을 통해 장사를 하던 상인들은 해적이 무서워서 맘 편히

장사를 할 수 없게 됐단다. 해적들은 신라의 해안가 마을까지 쳐들어오기도 했어. 해안가에 사는 사람들은 언제 해적이 들이닥쳐 마을을 쑥대밭으로 만들고 자신들을 노비로 끌고 갈지 몰라 두려움에 떨었지. 장보고는 당나라까지 끌려와서 노비로 팔려 나가는 신라 백성들을 보면서 분통을 터뜨렸대."

"윽, 사람들을 노비로 팔아요? 진짜 악당들이네."

"그 무렵은 당나라나 신라 모두 무척 혼란스러운 상황이었어. 당나라에서는 황제의 힘이 약해지면서 지방에서 힘 있는 사람들이 제각기 자기 세력을 키웠지. 나라 전체의 법질서 같은 것보다 지방 세력이 가지고 있는 힘이 더 중요한 시기가 되었던 거야. 게다가 흉년과 기근까지 들면서 먹고살기가 어려워지자 여기저기서 도적들이 날뛰게 되었어. 신라도 사정은 비슷해서 살길이 막막한 농민들이 도적이 되는 경우가 많았어. 당나라나 신라나 나라 안에서 도적들이 들끓고 있으니, 바다를 안전하게 관리할 만한 여유가 없었지. 그러자 당나라와 신라 사이의 바닷길은 온통 해적들 차지가 되어 버렸어."

"신라는 안정되어서 번영을 누리고 있었다면서요."

나선애가 이상하다는 듯 고개를 갸웃거렸다.

"안타깝지만 장보고가 살았던 9세기가 되자 신라의 번영과 안정도 끝이 보였어. 무엇보다 귀족들의 왕위 다툼 때문이었지. 진골

이외의 사람들은 모두 차별을 받았다고 했지만, 진골 안에서도 태종 무열왕의 후손들만 왕위와 그 외 권력의 핵심을 차지했어. 심지어 삼국 통일의 영웅으로 꼽히는 김유신 집안마저도 권력에서 밀려났지. 그러자 다른 진골 귀족들이 들고일어난 거야. 태종 무열왕 후손 가운데 마지막으로 왕위를 받은 36대 혜공왕은 반란이 일어나 목숨을 잃었어. 그때 반란을 진압하는 데 김경신이라는 신하가 공을 세웠는데, 이 사람이 38대 원성왕이야. 그런데 그가 왕위에 오른 과정도 시원스럽지가 못해. 원래는 김주원이라는 귀족이 왕위에 오르기로 되어 있었어. 김주원의 집에서 궁궐까지 오려면 강을 건너야 했지. 그런데 하필이면 마침 홍수가 나서 강물이 불어나는 바람에 김주원의 발이 묶여 버린 거야. 그러자 김경신은 김주원보다 먼저 궁궐로 들어가서는 냉큼 왕위에 앉아 버렸어."

"아으, 진짜 얍삽하다!"

장하다가 코를 찡그리며 소리쳤다.

"행여나 '왕이 될 자격이 없는 사람이 왕위에 올랐다'는 소리라도 나올까 봐 걱정이 된 원성왕은 자신이 내물왕의 후손이라는 점을 강조했어. 태종 무열왕의 후손이 아니긴 하지만 신라의 왕이 될 자격은 충분하다는 뜻으로 그랬던 거지. 하지만 효과는 별로였어. 귀족들은 자연히 '어라? 나라고 왕이 되지 말란 법 있나?' 싶은 생각이 들었지."

35대 경덕왕
태종 무열왕 후손

36대 혜공왕
태종 무열왕 후손

37대 선덕왕
내물왕 후손

38대 원성왕
내물왕 후손

"그렇담 너도나도 왕이 되겠다고 나섰겠군요."

왕수재가 턱을 슥슥 문지르며 말했다.

"그래. 귀족들 사이의 왕위 다툼이 얼마나 심했던지, 조카를 죽이고 왕이 된 사람도 있고 왕이 된 지 1년 만에 왕위에서 쫓겨난 왕도 있었어. 이때부터 나라가 망할 때까지 약 150여 년 동안 신라의 왕은 20번이나 바뀌었어."

"신라의 좋은 시절도 끝났군요……."

"김주원은요? 억울하게 왕위를 빼앗겼는데 가만히 있었어요?"

장하다가 답답하다는 듯 물었다.

"김주원의 아들이 가만히 있지 않았지. 왕위 다툼이 이어지던 어느 날, 원성왕에게 왕위를 빼앗긴 김주원의 아들 김헌창이 충청도

와 전라도 지역을 거점으로 해서 큰 반란을 일으켰어. 김헌창은 왕위를 빼앗으려 든 정도가 아니라 아예 새로운 나라를 세우려고 했어. 순식간에 신라 땅의 절반 이상을 차지하며 기세를 올린 김헌창은 '장안'이라는 나라 이름까지 새로 지었지. 하지만 얼마 못 가서 신라군에게 지고 스스로 목숨을 끊고 말았단다. 김헌창의 반란은 실패로 끝났지만, 이 일로 신라는 더욱 시끄러워졌어. 그 이전까지는 왕위 다툼을 해도 경주 안에서 일어나는 사건이었지만, 김헌창의 난은 지방을 거점으로 해서 경주를 향해 창을 겨눈 사건이었기 때문에 신라 전체에 큰 충격을 줬지. 왕권은 흔들리고, 귀족들은 호시탐탐 권력을 잡을 기회를 노리느라 정신이 없던 게 바로 장보고가 살던 시기였어."

"그래서 백성들이 해적들한테 끌려가도 도와줄 사람이 없었던 거군요."

허영심이 안타깝다는 표정으로 말했다.

"그래, 본격적인 장보고 얘기는 장보고 기념관에 가서 해볼까? 여기서 멀지 않을 거야."

"아 원래 가려고 했던 곳이죠?"

"아, 아니. 여기도 오려고 했던 곳이었어. 내비게이션이 이상해서 그랬지. 하하."

용선생이 당황해하며 변명을 했지만 아이들은 아무도 믿지 않았다.

## 동아시아 바다를 주름잡은 청해진 대사

장보고 동상에서 조금만 더 갔더니 장보고 기념관이 나왔다.

"이렇게 바로 앞에 두고 여기를 못 찾은 거예요?"

용선생은 아이들의 야유를 못 들은 척하며 장보고 기념관으로 들어섰다. 기념관 안에는 배 한 척이 돛을 단 채 놓여 있었다.

"신라 시대의 배는 남아 있는 것이 없어서, 여러 유물과 자료들을 통해서 당시 배를 재현해 본 거야. 당시 사용했던 배는 이 배보다 더 컸을 거래. 아까 장보고가 당나라에서 신라 사람들이 해적들한테 잡혀온 걸 봤다고 그랬지. 그래서 당나라에서 마음 편히 살지 못하고 신라로 돌아왔어. 신라로 돌아온 장보고는 곧바로 왕을 찾아갔어. 828년 흥덕왕이 신라를 다스리던 때였지.

'당나라에서는 해적들한테 붙잡혀 온 신라인들이 비참한 생활을 하고 있습니다. 허락만 해 주신다면, 제가 해적들을 단속해 보겠습니다.' 장보고는 왕에게 이렇게 청했어.

그러자 흥덕왕은 장보고를 청해진 대사로 임명하고 군사 1만 명을 내려 주었어."

"청해진이 뭔데요?"

"청해는 이 완도 지역의 옛 이름이야. 장보고는 요 앞의 장도라는 작은 섬에 요새를 짓고 군사들을 배치했어. 이런 군사 요새를 '진'

**완도와 장도**
**(청해진 유적)**
사진의 왼쪽은 완도이고,
오른쪽은 장도야.
장도에서는 기와, 도자기,
화살촉 등 다양한 유물이
출토되었고, 섬 둘레에
박아 놓았던 목책의
흔적도 발견되었어.

이라고 부르지. 이 지역에 진을 설치한 이유는 여기가 당나라와 일본을 오가는 데 유리한 곳이었기 때문이야. 그리고 이 청해진의 책임자가 청해진 대사였지. 장보고는 청해진에서 바쁜 나날을 보냈어. 튼튼한 성을 쌓고 군사들을 훈련시키는가 하면, 빠르고 튼튼한 배를 만들었지. 아마도 이 배처럼 생겼었겠지? 모든 준비가 끝나자 장보고는 여러 척의 배를 이끌고 바다로 향했어. 그러고는 바다를 누비며 해적들을 혼내 줬지. 된통 당한 해적들은 그 다음부터는 장보고의 배가 보이면 재빨리 꽁무니를 뺐어. 장보고의 활약 덕분에 해적들로 들끓던 바닷길에는 점점 평화가 돌아왔단다. 더 이상 신라 백성들이 노비로 팔려 가는 일도 없어졌지."

용선생의 말에 아이들이 입을 모아 "우와아" 하고 소리쳤다.

"바다에서 해적들을 몰아낸 장보고는, 이번엔 무역을 통해 바닷길을 완전히 접수했어. 나라와 나라 사이에 물건을 사고파는 게 무역이지? 그리고 각 나라가 직접 물건을 사고파는 게 아니라 중간에서 누군가 이 나라와 저 나라 사이의 물건 거래를 연결해 주는 걸

'중계 무역'이라 한다고 했고. 장보고는 동북아시아의 바닷길을 지키면서 당나라와 신라, 일본 사이에서 중계 무역을 독점했어. 세 나라의 상인들은 꼭 장보고를 통해서만 다른 나라에 물건을 팔 수 있었다는 뜻이야."

"어떻게 그럴 수 있었는데요? 바다 한가운데 시장이라도 차린 거예요?"

허영심의 말에 용선생이 앞에 놓인 배를 가리켰다.

"시장을 차린 게 아니라 바로 이 무역선을 타고 다니면서 중계 무역을 한 거야. 이런 식이었어. 장보고의 무역선이 신라의 물건들을 싣고 당나라로 떠나는 거야. 신라방에 도착한 무역선은 당나라의 해안을 따라 죽 돌면서 가져온 신라의 물건들을 팔고, 그 지역의 물건들을 사서 배에 실어. 당나라에서 나는 것들은 물론, 멀리

흔들리는 신라, 장보고의 꿈과 좌절 **157**

인도와 서아시아, 중앙아시아에서 온 귀한 물건들까지 말이야. 무역선이 당나라의 해안가를 돌아 다시 신라방으로 돌아오는 데만 반년도 넘게 걸렸지. 자, 당나라를 떠난 무역선은 다시 청해진으로 돌아와. 당나라에서 가져온 물건들을 팔고, 다시 신라의 물건들을 배에 채우지. 하지만 당나라의 물건들을 다 파는 건 아냐. 왜냐하면 또 갈 곳이 있거든! 물건들을 잔뜩 실은 무역선은 이번엔 일본을 향해 출발해. 일본에 도착하면 당나라에서 가져온 여러 나라의 물건들과 신라의 물건들을 팔고, 다시 일본의 물건들을 사서 배에 싣는 거지."

"오, 사업가 체질이셨네! 그럼 돈도 잘 벌었겠는데요?"

왕수재의 말에 용선생이 고개를 크게 끄덕였다.

"암, 그랬지. 특히나 당시에는 차 마시는 문화가 널리 유행하고 있었는데, 장보고는 이때 찻그릇으로 사랑받던 중국의 자기를 수입한 다음 다른 나라에 되팔며 큰 이득을 취했지. 장보고는 점점 무역의 대가로 변신해 갔어. 일본 사람들은 장보고가 대 주는 물건들을 얼마나 좋아했는지, 장보고한테서 물건을 사느라 재산을 다 써 버리는 사람들이 나올 정도였대. 나중에 장보고가 세

장보고 무역선과 내부 모습
여러 선박과 자료 등을 토대로 무역선의 실제 길이(31.6m)에서 4분의 1 정도로 줄인 7.9m의 길이로 복원했어. 장보고는 이 무역선에 자기를 가득 싣고 다녔겠지?

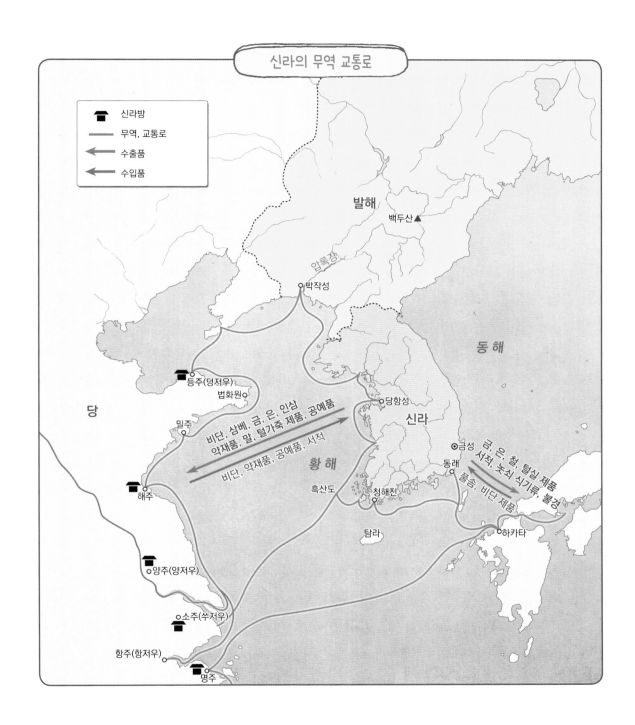

신라의 무역 교통로

신라방

무역, 교통로

수출품

수입품

발해

백두산

압록강

박작성

동 해

당

등주(덩저우)

법화원

밀주

비단, 삼베, 금, 은, 인삼
약재품, 말, 털가죽 제품, 공예품

당항성

신라

금성

동래

비단, 약재품, 공예품, 서적

황 해

흑산도

청해진

금, 은, 철 털실 제품
서적, 놋쇠 식기류, 불경

물솜, 비단 제품

해주

탐라

하카타

양주(양저우)

소주(쑤저우)

항주(항저우)

명주

상을 떠나자 일본 사람들은 '장보고가 죽어서 더는 좋은 물건을 얻을 수 없게 됐다'면서 무척 안타까워했다지. 이렇게 해서 장보고는 큰 부자가 되었어. 서해와 남해의 해상권을 틀어쥐었으니 군사력은 물론 엄청난 경제력까지 갖게 된 거야."

"저 안에 얼마나 멋진 물건들이 많았을까?"

두 손을 모아 쥔 허영심이 무역선을 바라보며 중얼거렸다.

"장보고가 무역왕이 될 수 있었던 것은, 우리 조상들의 배 만드는 기술과 바다를 항해하는 기술이 뛰어났기 때문이기도 해. 신라의 배는 세계적인 수준이었어. 일본 역사책에는 '신라 배는 쉽게 파도를 헤치고 갈 수 있으니, 신라 배를 주십시오'라는 구절도 있어. 장보고의 무역선은 순풍은 말할 것도 없고, 거꾸로 불어오는 역풍에도 끄떡하지 않았대. 그뿐만이 아니야. 일본의 사신이나 승려들은 당나라로 갈 때면 자주 신라의 도움을 받았어. 그들은 신라의 배뿐만 아니라 신라인 선원, 신라인 통역사까지 구하려 했다고 해."

갑자기 장하다가 눈빛을 반짝이며 용선생을 바라보았다.

"선생님, 이 배 한 번만 타 보면 안 될까요? 살짝 올라가서 사진 한 장만 찍을게요. 네?"

용선생은 장하다가 배에 뛰어오르기 전에 얼른 장하다의 팔을 낚아챘다.

"그럴 시간 없어. 이제 청해진 유적을 보러 갈 거거든!"

버둥거리던 장하다가 얌전해지자, 용선생은 당나라와 일본에서 장보고를 어떻게 평가했는지 들려주었다.

"바닷길을 장악한 장보고는 큰 명성을 떨치게 되었어. 중국과 일본의 역사책에도 그에 대한 기록이 꽤 많은데, 당나라의 두목이라는 시인은 장보고를 '동방에서 가장 성공한 사람'이라고 평했단다. 일본에서 유명한 승려인 엔닌도 장보고의 도움을 많이 받았어. 엔닌이 당나라로 공부를 하러 떠날 때, 그는 일본의 관리가 장보고에게 보내는 추천서를 가지고 있었대. 당나라로 가면서 신라 사람인 장보고에게 보여 줄 추천서를 들고 있었

엔닌(794~864) 엔닌은 9년간 당나라에서 공부를 했었는데 그때 장보고가 많은 도움을 주었다고 해. 엔닌이 쓴 《입당구법순례행기》는 총 4권짜리 여행기인데 그중 2권에 장보고가 세운 법화원에 대한 이야기가 나와.

법화원과 장보고 동상 장보고가 중국 산둥반도에 세운 법화원을 1990년대에 다시 복원한 거야. 법화원은 승려가 250여 명에 이를 만큼 큰 절이었어. 새로 복원한 절 안에는 5m 높이의 장보고 동상이 있어.

다니 장보고의 영향력이 얼마나 컸는지 짐작이 가지? 또 엔닌은 당나라에서 자기네 나라를 여행하도록 허락해 주지 않자 장보고가 신라방에 세운 절인 법화원에 오랫동안 머물면서 그의 도움을 받았어. 엔닌은 9년 반 동안의 여행을 끝내고 일본으로 돌아갈 때도 장보고에게 도와 달라고 편지를 보냈어. 장보고는 그가 일본으로 무사히 돌아갈 수 있도록 배편을 마련해 주었지."

"와, 진짜 바다의 왕자 맞네! 근사하다!"

장하다는 마치 자기가 칭찬을 받기라도 한 양 얼굴이 환해졌다.

 ## 물거품이 된 장보고의 꿈

나무다리를 건너 마침내 청해진에 도착한 아이들은 기대에 찬 눈
빛으로 섬 여기저기를 둘러보았다. 하지
만 흙으로 둘러싼 토성과 목책밖에 보이
지 않았다.

"무역 왕의 섬이라면서 이게 다예요? 좀
더 멋지게 꾸며져 있을 줄 알았는데……."

허영심이 실망스러운 듯 투덜대자, 장
하다가 돌아보며 말했다.

　　"그래도, 바다는 그 옛날에도
　　여기 있었을 테니까, 장보고가
해적을 무찌르는 장면을 똑똑히 봤겠지?"

그 말에 아이들의 눈길이 저절로 바다로 향했다.

"그런데, 이렇게 장보고의 명성이 높아져만 가던 어느 날 말
이야……."

용선생이 갑자기 눈썹을 송충이처럼 꿈틀거리며 진지한 표정을

완도와 장도(청해진 유적)를 이어 주는 나무다리
완도와 청해진 유적이 있는 장도를 연결해 주는 나무다리야.
2009년에 만들었는데, 길이가 150m래. 나무다리가 세워지기
전에는 썰물 때만 길이 드러나서 완도와 장도 사이를 오갈 수
있었어.

**김우징(?~839)**
장보고가 왕에게
청해진을 만들자고
건의할 때 '시중'이란
벼슬을 지내고
있었어. 자신의
아버지를 왕으로
만들려다가 왕권
다툼에서 밀려났어.

지었다. 용선생이 그런 표정을 지으면 곧 슬픈 일이 일어난다는 걸 아이들은 잘 알고 있었다. 용선생이 돌 위에 앉자 아이들도 옹기종기 주변에 자리를 잡고 앉았다.

"김우징이란 왕족이 장보고를 찾아왔어. 왕위를 놓고 다투다가 실패하자 청해진으로 도망을 온 거였지. 장보고는 김우징이 청해진에 머물도록 해 주었어. 그런데 왕이 될 꿈을 버리지 못한 김우징이 장보고에게 자신을 도와 달라고 했어.

'내 편이 되어 주시오. 내가 왕이 되면 내 아들과 당신의 딸을 결혼시키겠소. 그러면 당신은 훗날 이 나라 왕의 장인이 되는 거요!'

장보고는 김우징의 제안을 곰곰이 생각해 봤어. 신라는 여전히 언제 누가 새로 왕위에 오를지 모르는 혼란한 상황이었지. 그런데 새로 왕위에 오른 사람이 혹시 장보고에게 더 이상 청해진 대사 일을 맡기지 않겠다고 하면? 장보고의 힘이 너무 큰 것을 질투하거나 두려워하는 왕이라면 충분히 그렇게 나올 수도 있는 일이었지. 게다가 김우징이 청해진에 머무는 사이에 경주에선 신하가 왕을 윽박질러 자살하게 만들고, 왕위를 빼앗은 반란 사건이 일어났어.

'나라를 어지럽힌 자들을 그냥 보고만 있을 수 없소! 내가 신라의 왕실을 바로잡겠소! 나를 도와주시오!'

김우징은 장보고를 열심히 설득했어. 결국 장보고는 김우징의 제안을 받아들여 군사 5천을 내주었지. 그 덕에 김우징은 신라의 45

대 왕인 신무왕이 되었어."

"와, 그럼 장보고의 딸이 왕비가 되었겠네요!"

그러자 용선생은 고개를 절레절레 저었다.

"하지만 신무왕은 왕이 된 지 6개월 만에 장보고와 한 약속을 지키지 못하고 병에 걸려 죽고 말았어. 그러자 장보고는 신무왕의 뒤를 이은 그의 아들 문성왕에게 아버지가 한 약속을 지키라고 했어. 문성왕은 장보고의 힘을 빌려 귀족들을 견제할 생각에 그 요구를 받아들이려 했지. 하지만 귀족들도 호락호락하진 않았어. 귀족들은 왕이 장보고의 딸과 결혼하는 것을 강하게 반대했어.

'아니 되옵니다. 그런 지방 출신의 미천한 사람이 폐하의 장인이 된다니요! 그럴 순 없습니다!'

귀족들은 가뜩이나 막강한 힘을 가진 장보고가 더 큰 힘을 갖게 될까 두려웠던 거야. 결국 장보고의 딸은 왕비가 되지 못했어."

"저런…… 장보고가 무척 실망했겠어요."

"그랬지. 장보고는 대단히 화가 나서 반란을 일으켰어. 장보고의 군대는 워낙 강했기 때문에 귀족들이 당해 내기 쉽지 않았지. 이때 장보고의 옛 부하인 염장이 귀족들을 찾아갔어. 자기가 장보고를 막을 수 있다고 말이야.

'장보고는 저를 의심하지 않을 것입니다. 일이 성공한 뒤에 높은 벼슬을 내린다고 약속해 주시면 제가 반드시 일을 성공시킬 것입니다.'

염장은 장보고를 찾아갔지. 장보고는 정말 그를 반갑게 맞이하며 술자리를 베풀었어. 염장은 장보고의 흥을 돋우며 자꾸만 술을 권했지. 한 잔, 두 잔, 세 잔……. 마침내 장보고가 술에 취하자 염장은 그의 곁으로 다가가 칼을 치켜들었어. 그러고는 순식간에 그의 목을 베어 버렸어!"

깜짝 놀란 곽두기가 "힉!" 하며 어깨를 움츠렸다.

"아니 그럼, 염장이 장보고를 죽이겠다고 한 거예요? 귀족들은 그러라고 하고?"

"그랬던 거지. 동아시아의 해상권을 휘어잡았던 장보고는 이렇게 해서 역사 속으로 사라지게 됐어. 그 뒤 나라에서는 청해진도 없애 버렸지."

아이들이 한숨을 내쉬었다. 넓은 바다를 호령하던 장보고의 삶에 비해 그 끝은 너무나 허무한 것 같았다.

"그렇게 죽다니, 참 안됐다……. 그래도 장보고가 통일 신라의 무역을 엄청나게 발달시킨 거야. 그치?"

"당연하지. 장보고 덕분에 신라의 경제도 발전 한 거 아니겠어?"

"약속 안 지킨 왕도 나빴고, 그렇다고 장보고가 반란까지 일으킨 건 좀 심했어."

"내가 보기엔 골품 제돈지 뭔지, 그게 제일 문제야. 그깟 신분이 뭐라고……."

한동안 저희들끼리 이야기를 주고받던 아이들이 잠잠해지자, 용선생이 먼저 자리를 털고 일어섰다. 아이들도 하나둘 자리에서 일어섰다.

제일 나중까지 자리에 앉아 있던 장하다는 아무래도 그냥 돌아가기 아쉬운지 바다를 향해 손나팔을 쫙 펼쳤다.

"장보고 할아버지! 전 할아버지 후손 장하다입니다. 할아버지 진짜 멋있었어요! 다음에 꼭 다시 올게요. 안녕히 계세요! 바다의 왕자 장보고 할아버지!"

나선애가 안타까운 시선으로 장하다를 쳐다봤다.

'장보고는 원래 성이 없었다고 아까 선생님이 분명히 얘기하셨는데……. 그새 까먹었나?' 이 사실을 아는지 모르는지 장하다는 몇 번이고 "장보고 할아버지~" 하고 외쳐 댔다.

# 나선애의 정리노트

## 1. 당나라로 간 신라 사람들

신라 사람들이 모여 산 곳은? ⟶ 신라방

신라방 안에 세워진 절은? ⟶ 신라원

신라 사람들을 위한 관청은? ⟶ 신라소

## 2. 국제적으로 유명한 신라 유학생들

| 혜초 | 최치원 |
|---|---|
| 유명한 여행기 《왕오천축국전》을 지음 이 책은 8세기 인도와 중앙아시아의 사정을 알려 주는 귀중한 자료임 | 18살 때 당나라 빈공과에 합격함 훌륭한 글솜씨로 명성이 높아짐 |

## 3. 장보고의 인생 그래프!

섬에서 태어남 — 당나라로 건너가 장교가 됨 — 청해진을 설치함 — 동북아시아의 해상권을 장악함 — 김우징이 왕위에 오름 — 신무왕이 세상을 떠남 — 염장에게 목숨을 잃음

## 용선생의 역사 카페

역사계의 슈퍼스타,
용선생의 역사 카페에
오신 걸 환영합니다

Log in

게시판 ⌄

📄 역사가 제일 쉬웠어용!
📄 이제는 더~ 말할 수 있다!
📄 필독! 용선생의 매력 탐구
📄 전교 1등 나선애의 비밀 노트

# 처용, 너는 누구냐?

879년 헌강왕이 개운포(지금의 울산) 바닷가로 놀이를 나갔는데, 갑자기 구름과 안개가 자욱하게 덮이면서 사방이 어두워졌다. 왕이 놀라 신하에게 물으니 동해 용왕의 짓이라고 했다. 그래서 헌강왕이 용왕을 위해 절을 짓기로 하자, 어두운 구름이 걷히고 용왕이 일곱 아들을 데리고 나와 춤을 추었다. 용왕의 아들들 중 하나가 왕을 따라왔다. 이름은 처용이고, 생김새와 옷차림이 기괴하였다. 왕은 처용을 아름다운 신라 여자와 짝지어 주고, 벼슬을 주어 나랏일을 돌보게 하였다.

여기서 문제는 과연 처용이 누구냐는 거지. 처용이 정말로 동해 용왕의 아들일 리는 없잖아. 그래서 처용의 정체에 대해 무속인이다, 지방 세력가의 아들이다 등 여러 가지 설이 있어.

그런데 처용의 외모를 묘사한 글들을 보면 '생김새와 복장이 색다르다'는 것이 공통점이야. 당시 신라 사람들의 기준에서 색다르게 생긴 사람이라면? 다름 아닌 신라에 드나들던 서역 사람이 아닐까? 그래서 어떤 학자들은 처용이 서역 사람이라고 보고 있어. 처용이 동해에서 왔다는 것은 배를 타고 온 것을 의미하고, 처용을 용왕의 아들로 묘사한 것은 얼굴이 낯설고 말도 다른 사람들을 표현하기 위한 장치가 아니었을까 하는 거지.

처용 탈을 쓰고 춤을 추고 있는 모습

그런데 어느 날 처용은 황당한 장면을 목격하게 돼. 그의 아내에게 반한 역신(疫神)이 사람으로 변해 아내와 같이 잠을 자고 만 거야. 그 광경을 보고도 처용은 화를 내지 않고 노래를 부르며 춤을 추었대. 그러자 역신이 무릎을 꿇고 "당신을 그린 그림만 봐도 절대 들어가지 않겠다"고 했다지 뭐야. 그 뒤로 사람들은 처용의 모습을 그려 귀신을 물리치는 부적으로 삼았어. 또 처용이 지어 부른 노래는 〈처용가〉, 그가 춘 춤은 처용무란 이름으로 전하기 시작했지.

---

COMMENTS

허영심 : 처용에게 벼슬을 주었다고요? 어떤 벼슬이요?

└ 용선생 : 신라의 17관등 중 제9등급인 '급간(급벌찬)'을 줬어. 이 벼슬은 6두품 이상이 되어야 받을 수 있지.

# 한국사 퀴즈 달인을 찾아라!

달인 트로피

## 01 ★☆☆☆☆

당나라에는 신라인들이 많이 활동했다고 해. 신라 사람들이 모여 살았던 마을이나 관청, 절도 있었다는데, 그 이름을 정리해 줄래?

신라 사람들의 마을 – (                    )

신라 사람들의 관청 – (                    )

신라 사람들의 절 – (                    )

## 02 ★☆☆☆☆

완도에 청해진을 설치하고 신라 해상 무역의 전성기를 이끈 이 사람은 누굴까? (          )

① 장보고          ② 장보기
③ 김유신          ④ 이순신

## 03 ★★★★★

다음 책에 대한 설명을 읽고, 이 책을 쓴 사람에 대한 설명으로 옳은 것을 찾아볼까?

(          )

> 720년경에 쓰인 일종의 여행기야. 현재 파리 국립도서관에 있는데, 당시 인도와 중앙아시아의 풍습이 기록되어 있어.

① 불교 공부를 위해 인도까지 갔다.

② 청해진을 설치하고 해적을 몰아냈다.

③ 당나라의 빈공과 시험에서 합격했다.

④ 당나라의 불교를 익히고 돌아와 많은 절을 세웠다.

## 04 ★★★★☆

역사반 아이들이 장보고의 일생에 대해 얘기를 나누고 있는데, 이 중 한 명이 딴소리를 하고 있어. 누군지 찾아 줄래? (          )

 ① 장보고는 신분이 낮았어.

 ② 당나라로 건너간 후, 열심히 노력해서 당나라 장교가 되었어.

 ③ 하지만 신라 백성들을 괴롭히는 해적들을 두고 볼 수가 없어서, 다시 신라로 돌아왔어.

 ④ 신라가 혼란스러워서 자신의 딸을 왕에게 시집보낼 수 있었어!

 도착!

## 05 ★★★★☆

자신의 아버지 김주원이 왕위에 오르지 못한 것에 화가 나서 반란을 일으켰고, 한때 신라 영토의 거의 절반을 차지하는 등 위세를 떨치다가 진압당한 이 사람의 이름이 뭐지?

(          )

① 김헌창          ② 김사종
③ 김경신          ④ 김우징

• 정답은 259쪽에서 확인하세요!

해남
완도

# 장보고의 기상이 깃든
# 완도와 해남을 가다

떠나 볼까?
용선생 현장 강의

전라남도 완도와 해남은 한반도의 서남해안에 위치해 있어. 바다를 배경으로 한 다채로운 풍경과 역사적인 공간을 한번에 만날 수 있는 곳이지. 완도와 해남의 명소를 찾아서 떠나 보자!

## 완도 청해진 유적

완도에 속한 작은 섬인 장도에 갔어. 장도는 약 1,200년 전 장보고가 활동하던 청해진의 무대로 여겨지는 섬이야. 당시 장보고는 청해진을 근거지로 삼아 당나라와 신라, 일본 사이를 연결하는 해상 무역을 주도했지. 장도에 직접 가 보니 청해진의 흔적을 어렴풋이 느낄 수 있었어.

완도와 장도를 이어 주는 나무다리

장도의 청해진 유적 청해진은 해적을 소탕하기 위한 군사 거점이었는데, 점차 해상 무역의 중심지로 변화했어. 위에서 내려다보니 장보고가 지휘하던 청해진의 모습이 상상되지 않니?

완도 청해진 유적 　　장보고 기념관 　　보길도 윤선도 원림 　　해남 땅끝 마을

장도에 복원된 청해진 유적을 거닐어 보았어. 군사 1만 명이 사용했다는 우물을 비롯해 적을 막아 내던 성문, 그리고 장보고를 기리는 사당 등을 볼 수 있었지. 장보고를 따르던 그 많은 군사들이 이 작은 섬에서 어떻게 살았을까 생각하니 무척 흥미로웠어.

청해진 외성문 성의 안과 밖을 연결하는 통로야. 외성문의 뒤편에는 외성문이 함락되었을 때 2차 방어의 역할을 하는 내성문이 있어.

## 장보고 기념관

장도에서 긴 다리를 건너 완도에 있는 장보고 기념관으로 향했어. 장보고 기념관에서는 청해진 유적에서 발견된 유물들과 장보고가 활동하던 모습을 재현해 전시하고 있었지. 전시만으로도 무척 실감 나서 바다를 휘젓고 다니던 장보고의 목소리가 생생히 들리는 것 같았어!

장보고 기념관에 전시된 무역선 고증을 거쳐 복원한 배야. 이 배는 실제 크기의 1/4 정도래!

완도에서 배를 타고 보길도로 이동했어. 보길도는 조선 시대에 이름난 시인이었던 윤선도가 살았던 섬이야. 태풍을 피하려 잠시 들렀는데, 그 아름다움에 취해 머물게 되었대. 이 섬에는 윤선도가 직접 가꾸었던 정원과 숲이 아직까지 남아 있어. 그래서 윤선도 원림이라 불러. 윤선도는 이곳에서 자연을 벗삼아 살며 〈어부사시사〉 등 유명한 시를 남겼어.

세연정 윤선도는 계곡물을 막아 연못을 만들고, 그 가운데에 섬을 만들어 세연정이란 정자를 세웠어. '세연'이란 주변 경관이 물에 씻은 듯 깨끗하고 단정해 기분이 상쾌해 지는 걸 말한대.

동천석실 윤선도는 보길도의 높다란 곳에 방 한 칸짜리 동천석실을 짓고 이곳에서 차를 마시고 독서를 하며 생각에 잠겼다고 해.

땅끝 마을의 전경　땅끝 마을에서 전망대가 있는 사자봉을 넘으면 진짜 땅끝에 도착해. 빨간 점으로 표시된 곳이 진짜 땅끝이야.

## 해남 땅끝 마을

보길도에서 배를 타고 해남의 땅끝 마을로 향했어. 땅끝 마을은 섬을 제외하고 한반도에서 가장 남쪽 땅끝이라는 의미에서 붙여진 이름이야. 해남에서 한반도 북쪽 끝까지 거리가 삼천리여서 우리나라를 "삼천리 화려강산"이라고 부르게 되었대. 땅끝 마을 뒤편의 사자봉에는 전망대와 기념탑 등이 있었어. 우리는 정신없이 사진을 찍으며 한반도의 끝에 온 기록을 남겼지.

완도와 해남은 김, 미역, 다시마 등 해조류와 전복 같은 어패류가 맛있기로 유명해. 우리는 전복 요리 전문점에서 쫄깃한 전복을 먹었어. 씹으면 씹을수록 전복의 바다향과 달콤한 맛이 나와 정말 맛있었어!

전복 요리　전복은 회와 구이, 무침 등 다양한 요리로 맛볼 수 있어.

# 북쪽 나라 발해는 어떤 나라였을까?

통일 신라가 한창 번성하던 698년, 한반도 북쪽의 옛 고구려 땅에는 새로운 나라가 세워졌어.

고구려 후손 대조영이 세운 발해라는 나라였지.

그러니까 이 시기에 우리 역사에는 남쪽에 신라, 북쪽에 발해가 나란히 있었던 거야.

그래서 이 시기를 '통일 신라 시대'가 아닌 '남북국 시대'라고 부르는 사람들이 점점 많아지고 있어.

자, 발해는 어떤 나라였는지 알아볼까?

발해 석등

✔ 알고 있는 용어에 체크해 보자!
☐ 대조영  ☐ 발해  ☐ 상경성  ☐ 해동성국

 장하다는 터질 듯 부푼 배낭을 메고 끙끙대며 역사반으로 향했다. 배낭에는 3단 도시락에 과자랑 떡까지 아이들과 함께 나눠 먹을 음식이 한가득이었다. 장하다는 배낭을 고쳐 메며 씩 웃었다.

'내가 좋아하는 고구려를 이은 나라에 대해 배운다는데, 이 정도 고생쯤이야!'

장하다는 기운차게 교실 문을 열어젖혔다. 하지만 장하다를 반겨 주는 건 어둑어둑한 교실과 조용한 침묵이었다.

"뭐야? 아무도 안 온 거야? 그럴 리가 없는데……."

형광등을 켜자 어둠 속에 쪼그리고 앉아 있던 아이들의 모습이 드러났다. 장하다와 아이들은 황당한 얼굴을 하고서 서로 마주 보았다.

"너 어디 놀러 가?"

나선애가 물었다.

"그게 무슨 소리야? 오늘 발해 유적지 보러 가는 거 아냐? 선생님, 빨리 출발해요!"

장하다의 말에 아이들이 키득키득 웃었다.

"맙소사…… 하다야! 발해 유적지는 중국과 러시아, 북한에 있어. 우리의 미니버스가 거기까지 갈 수 있으려나?"

"으, 뭐라고요!"

니콜라예프카 성터 러시아 파르티잔스크 지역에 있어. 지금은 동네 꼬마들의 놀이터가 되었지만 예전엔 전체 둘레가 약 2km, 면적이 2천여 평에 이르는 발해의 성이었어.

맥이 탁 풀린 장하다가 바닥에 털썩 주저앉았다.

"하다야, 기운 내! 대신 오늘은 영화 보면서 발해를 공부할 거야. 너희들을 위해 특별히 교실을 영화관처럼 꾸며 놨는데, 어때?"

장하다는 그제야 교실이 어두웠던 까닭을 알 수 있었다. 둘러보니 책상과 의자가 뒤로 밀려 있고, 돗자리 위에는 팝콘까지 수북이 놓여 있었다. 장하다는 언제 우울했느냐는 듯 돗자리 위에 냉큼 올라앉았다.

"자, 그럼 영화 시작한다!"

# 고구려 출신 대조영, 발해를 세우다

어두운 화면 위로 사람들이 어디론가 끌려가는 쓸쓸한 뒷모습이 펼쳐지고, 잠시 뒤 잔뜩 목소리를 깐 내레이션이 울려 퍼졌다.

 668년, 고구려는 당나라에게 수도 평양성을 빼앗기고 고구려 땅 대부분은 당나라의 손아귀에 들어가고 말았다. 오오, 슬프고 애통하구나. 그 뒤 적지 않은 고구려 귀족과 백성들이 당나라 땅으로 끌려갔다. 이때 당나라에 끌려가 뿔뿔이 흩어진 고구려 유민들이 무려 수십 만에 이르니, 발해의 역사는 이렇게 강제로 끌려간 고구려인들로부터 시작되었다!

"이거 어디서 많이 듣던 목소리인데…… 혹시 선생님?"

"맞아! 어때, 괜찮지? 귀에 쏙쏙 들어오지?"

용선생이 신이 나서 떠벌렸지만, 아이들은 답이 없었다. 대신 여느 때와 달리 수업 시작부터 엄청난 집중력을 발휘하고 있는 장하다가 물었다.

"선생님! 대체 고구려 사람들을 왜 당나라로 끌고 가는 거래요?"

"응? 그야 고구려 사람들이 뭉쳐 일어나서 당나라에 맞설까 봐 그런 거지. 생활 터전을 빼앗고 낯선 땅으로 옮겨 살게 하면 고구려 사람들이 힘을 모으기 어려울 테니까."

"어디로 끌려갔는데요?"

"대부분 고구려에서는 아주 먼 중국 서쪽의 간쑤성이나 양쯔강 남쪽의 황폐한 땅으로 끌려갔어. 일부는 옛 고구려 땅에서 비교적 가까운 요서 지방의 영주라는 곳에 남았고. 다음 장면이 바로 영주야."

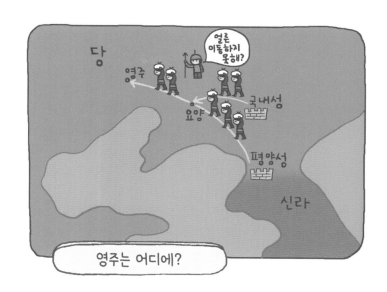

영주는 어디에?

이곳은 영주 땅. 이곳에 강제 이주를 당한 것은 고구려 사람들만이 아니었다. 마찬가지 신세인 거란인과 말갈인들도 영주에 모여 살고 있었다. 영주를 다스리던 당나라 관리들은 이렇게 끌려온 이주민들을 업신여기고, 무거운 세금을 매기며 매우 못살게 굴었다. 결국 참다못한 이주민들의 분노가 폭발하기에 이르렀으니…….

"당나라 관리들의 횡포를 계속 두고만 보고 있을 거요? 나는 더 이상 못 참겠소. 군사를 모아 일을 벌일 것이오! 다들 나와 함께 힘을 합칩시다!"

반란에 앞장선 것은 거란인 추장 이진충이었다. 696년, 마침내 이진충은 말갈인과 고구려인들의 도움을 받아 영주를 다스리던 당나라 관리들을 죽이고 영주성을 차지해 버렸다.

중국 랴오닝성 차오양
고구려 유민과 대조영이 살던 영주 지역이 바로 이곳이야.

"관리들을 죽이고 반란을 일으켰는데 당나라에서 가만히 있을까?"

"그럴 리가 없지. 큰일 났네."

어느새 영화에 빨려 들기 시작한 아이들의 얼굴에 걱정스런 표정이 떠올랐다.

"물론 가만히 있지 않았지. 당시 당나라를 다스리던 사람은 측천무후라는 여자 황제였어. 측천무후는 당장 영주로 군사들을 보내 반란군을 잡아들이라고 했어."

용선생의 말마따나 화면에선 당나라군과 거란군의 싸움이 벌어지기 시작했다.

측천무후(624~705) 당나라 고종의 황후였는데
황태자들을 연이어 폐위시키고 자신이 황제가 되었어.
중국 최초의 여황제로, 15년 동안 중국을 다스렸지.

당나라군과 거란군의 전투는 거의 1년이 되도록 계속되었다. 그러다가 거란군이 당나라군에게 평정될 무렵, 고구려 유민의 대표인 걸걸중상과 그의 아들 대조영은 당나라의 손아귀에서 완전히 벗어날 기회를 엿보고 있었으니……

"아버님! 드디어 당나라의 지배에서 벗어날 때가 된 것 같습니다. 당나라 군사들이 바쁜 틈을 타서 이곳을 떠나는 게 어떨까요?"

"오냐, 그 말이 옳다. 서둘러 떠날 채비를 해라. 동쪽으로 가자!"

이렇게 해서 대조영 일가는 고구려 사람들을 이끌고 영주를 벗어나 동쪽의 요동 지방으로 향했다. 오랫동안 친하게 지내 온 말갈인 추장 걸사비우도 말갈인을 이끌고 이들과 함께 길을 떠났다. 마침내 요동에 도착한 걸걸중상과 대조영은 감격스러웠다.

"30년 만에 고구려의 옛 땅에 다시 돌아왔구나!"

한편, 이 소식을 들은 측천무후는 불같이 화를 냈다.

"뭣이? 고구려인과 말갈인들이 탈출을 했어? 이 괘씸한 것들. 항복한 거란 장군 이해고에게 군사를 주어 그들을 뒤쫓게 하라!"

당나라군은 이해고를 앞세워 이들을 쫓아왔다. 이때 걸사비우가 용감하게 나섰다.

"내가 적들을 막겠소!"

그러나 안타깝게도 걸사비우가 이끄는 말갈인은 이해고의 당나라군에게 크게 패했고, 걸사비우도 죽고 말았다. 엎친 데 덮친 격으로 이 무렵 걸걸

**허영심의 인물 사전**

**대조영(?~719)**
고구려의 유민으로 당나라의 지배를 받으며 살던 중 말갈족과 함께 군사를 일으켰어. 이후 지린성 동모산 근처에서 발해를 건국했지. 당나라의 역사책에는 '고려 별종'으로 기록되어 있기도 해.

중상도 세상을 떠났다.

걸사비우와 걸걸중상이 사라지고 대조영이 홀로 쓸쓸히 들판에 서 있는 모습을 보며, 아이들은 얕은 한숨을 쉬었다.
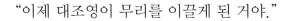
"이제 대조영이 무리를 이끌게 된 거야."

용선생의 설명에 곽두기가 "그럼 당나라와 계속해서 싸우나요?" 하고 물었다.

"그럼! 결국 누가 승리하게 되는지 지켜보자."

대조영은 고구려인과 말갈인을 이끌고 계속해서 동쪽으로 나아갔다. 뒤에선 당나라군이 쫓아오고 있는 위기 상황! 대조영 무리는 천문령이라는 험준한 고개에 이르렀다.

"언제까지 도망만 칠 순 없으니 여기서 당나라군과 한판 전투를 벌여야겠소! 당나라군은 우리보다 훨씬 많으니 정면 승부는 피하는 것이 좋겠소. 적은 군사들이 먼저 출동해 당나라군을 천문령의 깊은 계곡으로 끌어들이시오. 그리고 나머지 군사들은 주변에 숨어 있다가 한꺼번에 공격하시오."

예상대로 당나라군은 천문령으로 깊숙이 들어섰다. 이때 대조영이 크게 소리쳤다.

"바로 지금이다! 총공격하라!"

대조영이 이끄는 군사들은 당나라군을 크게 이겼다. 이해고는 수만 명에

이르는 군사 대부분을 잃고 후퇴하고 말았다. 당나라 군대를 물리친 대조영은 다시 동쪽으로 향해 동모산에 이르렀다.

"음. 이곳이라면 나라를 세워도 좋겠구나. 여러분, 이곳에 성곽과 궁궐을 짓고 나라를 세웁시다!"

"와, 만세! 대조영 장군 만세!"

이때가 698년. 대조영은 나라를 세우고 나라 이름을 '진'이라고 했다. 713년 당나라도 진국을 인정하고 대조영에게 '발해 군왕'이란 칭호를 주었으니, 이때부터 진국은 '발해'로 널리 알려지게 되었다.

"우아! 발해다, 발해가 세워졌다! 대조영 만세!"

장하다가 별안간 두 손을 번쩍 들며 소리치는 바람에 흠칫 놀란

**동모산** 지린성 둔화시에 있는 산이야. 해발 600m로, 산 위에 성터가 조금 남아 있어. 고구려가 망한 지 30년 만에 고구려를 계승한 발해가 이곳에서 건국되었어.

왕수재가 투덜거렸다.

"발해랑 너랑 무슨 사이라도 되냐? 웬 수선이야?"

"뭐? 그렇게 말하면 서운하지. 고구려가 다시 살아난 거나 마찬가진데! 너도 만세 불러!"

장하다가 하도 정색을 하는 바람에 기가 눌린 왕수재가 눈만 끔벅거렸다.

"선생님, 그럼 발해엔 고구려 유민과 말갈인이 함께 살았나요?"

나선애가 물었다.

"맞아. 일반 백성들 중엔 고구려 유민보다 말갈인이 더 많았던 것 같아. 하지만 발해를 세우고 또 이끌어 간 지배

고구려 유민들이 새 나라를 세웠대!

왜 말갈인은 쏙 빼놓고 말하는 거야?

층은 고구려 사람들이었어. 적은 수의 고구려 유민들이 많은 수의 말갈인들을 다스리는 모양새였던 거지."

"그런데 당나라는 웬일로 대조영이 세운 나라를 인정한 거래요? 그렇게 대조영을 잡으려고 안달할 땐 언제고."

허영심이 입을 삐죽거리며 물었다.

"그러게 말이다. 아마 어쩔 수 없었을 거야. 당시 요서 지방에는 당나라와 사이가 좋지 않던 돌궐이 큰 세력을 이루고 있었어. 대조영은 돌궐에 친하게 지내자고 손을 내밀었지. 당나라는 돌궐과 발해가 힘을 합쳐 쳐들어오면 큰일이겠다 싶으니 더 이상 발해를 얕잡아 볼 수만은 없었어. 그러니 결국 발해를 이웃 나라로 인정하게 된 거야. 자, 이제 발해가 세워졌으니 남쪽에는 통일 신라, 북쪽에는 발해가 자리한 '남북국 시대'가 열리게 된 거야. 지금부터 정말 놀라운 발해의 활약이 펼쳐질 테니까 잘 보라고!"

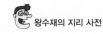

**돌궐**

551년부터 747년까지 중국의 북방을 지배한 나라야. 한때 당나라를 위협할 정도로 강했어. 돌궐의 후손들이 세운 나라 중 하나가 오늘날의 튀르키예(터키)야.

 영토를 넓힌 무왕, 문물을 정비한 문왕

팝콘을 한 주먹씩 손에 쥔 아이들이 다시 자세를 고쳐 앉았다. 화면엔 대조영의 모습이 사라지고, 그의 두 아들이 등장했다. 두 사람이 입씨름이라도 벌이는지 심각한 분위기였다.

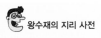

**왕수재의 지리 사전**

**흑수말갈**
말갈은 7개의 부락을
형성하고 있었는데
그중 백산말갈은
고구려에 속해
있었고 흑수말갈은
다른 말갈 부락과
달리 발해와 자주
충돌했어.

**허영심의 인물 사전**

**대문예(?~?)**
대조영의 아들이자
발해 무왕의
동생이야. 당나라
수도에 머문
적이 있던 그는
당나라를 공격하는
걸 무모하다고
생각했어.

719년, 대조영이 세상을 떠나자 그의 맏아들인 대무예가 발해의 두 번째 왕이 되었다. 이름하여 무왕. 무왕은 우선 주변의 여러 부족을 정복해 나갔다. 이때 북쪽엔 말갈의 한 갈래인 흑수말갈이 있었다. 그들은 발해의 힘이 점점 커지자 걱정이 되었다.

'발해가 너무 강해지니 불안하군. 당나라와 손을 잡아야겠어.'

마침 당나라도 비슷한 생각을 하던 참이었고, 둘은 금세 손을 잡았다. 그러자 무왕은 매우 화가 났다.

"흑수말갈이 우리 몰래 당나라와 손을 잡았다고? 안 되겠다. 흑수말갈을 혼내 줘야겠어!"

무왕은 동생 대문예에게 흑수말갈을 공격하라고 명령했다. 그러나 대문예는 무왕의 명령을 듣지 않았다.

"흑수말갈을 공격하면 분명히 당나라가 쳐들어올 것입니다. 지금 우리 힘으로는 당나라의 공격을 막을 수 없습니다. 그 옛날 강성했던 고구려도 결국은 당나라의 손에 무너지지 않았습니까?"

하지만 무왕은 공격 명령을 거두지 않았다. 하는 수 없이 군대를 이끌고 떠난 대문예는 결국 무왕의 명령을 듣지 않고 당나라로 도망쳐 버렸다. 화가 머리끝까지 난 무왕은 당나라에 대문예를 내놓으라고 요구했다. 그러나 발해와의 싸움에서 대문예를 유리하게 이용할 수 있을 거라는 계산이 선 당나라는 '멀리 귀양을 보내 버렸다'는 거짓 핑계를 대며 대문예를 돌려보내지 않았다. 이에 무왕은 큰 결심을 했다.

"당나라와의 전쟁은 언제고 벌어질 일! 기왕 이렇게 되었으니 지금 당나라를 공격해야겠다. 발해의 힘을 보여 주자!"

732년, 발해의 장군 장문휴는 수군을 이끌고 당나라의 산둥 지방을 공격해 승리를 거두었다. 위급해진 당나라는 신라에 사신을 보냈다.

"군대를 보내 발해를 공격해 주시오!"

신라군은 발해를 공격하러 떠났지만, 도중에 눈이 많이 와 발해 땅을 제대로 밟아 보지도 못하고 되돌아갔다. 이후 당나라는 감히 발해를 공격하지 못했다.

"우아! 발해가 당나라 코를 아주 납작하게 만들었네요!"

"그래! 만약 무왕이 대문예의 말을 따랐다면 발해는 계속 당나라의 눈치만 살피며 기죽어 지내야 했을지도 몰라. 무왕은 전쟁을 통해 발해의 땅을 크게 넓힌 왕이었어. 그래서 군사, 무사라는 뜻의 '무(武)' 자를 붙여 무왕이라고 부르게 된 거야. 무왕의 뒤를 이어 왕위에 오른 것은 그의 아들 문왕이었는데……."

"문왕? 그럼 무왕하곤 많이 달랐겠네요?"

"역시 선애는 눈치가 빠르다니까. '문왕'의 '문(文)'은 학문, 문물제도를 뜻해. 군사력으로 땅을 넓힌 무왕과 달리 문왕은 발해의 제

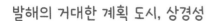

발해의 거대한 계획 도시, 상경성

**상경성 제1궁전 터** 내성 안에는 5개의 궁전이 있었어. 지금은 남문에서부터 순서대로 '제1궁전', '제2궁전' 등으로 부르는데, 그중 제1궁전이 있던 자리야.

**상경성 내성 복원 그래픽** 상경성은 도시 전체를 에워싼 외성과, 궁궐을 둘러싼 내성으로 이루어져 있었어. 그중에 내성을 컴퓨터 그래픽으로 복원한 모습이야

**상경성 제3궁전 터** 여기는 제3궁전이 있던 자리야. 건물을 세우기 전에 바닥을 단단히 다져 만들어 놓는 기단과 계단이 아직 남아 있어.

도, 문물을 발달시킨 왕이지. 그럼 문왕의 활약을 볼까?"

문왕은 그만 당나라와의 싸움을 멈출 때가 되었다고 생각했다.
"이제 나라가 제법 커지고 안정되었으니 당나라와 친하게 지내면서 발해
를 더욱 발전시켜야겠군."
문왕은 나라를 발전시키기 위해 당나라의 유학과 불교를 받아들이고 당나
라의 앞선 제도들도 적극적으로 받아들였다. 그에 바탕해서 나라를 다스릴
관청과 관리들을 새롭게 꾸리고 수도도 더 넓고 살기 좋은 땅으로 옮겼다.
발해가 가장 오랫동안 수도로 삼았던 곳은 상경 용천부였다. 문왕은 상경

**용머리 석상** 궁전 터에서 발견된 용머리
석상이야. 건물 기단에 끼워 장식한 것으로 보여.
뒷면에 쐐기 모양으로 깎아 고정하는 홈이 있어.

**발해 석등** 규모가 컸던 상경성
안에는 여러 절이 있었어. 그중 제2
절터에 남아 있는 석등으로 고구려의
석등 양식과 유사하다고 해. 그리고
높이가 무려 6.4m에 달할 정도로 커서
웅장하고 압도적인 인상을 줘.

**팔보 유리정** 제2궁전 터 동쪽에 있는
우물이야. 회백색의 현무암으로 만들었는데,
고구려 우물 양식을 이어받아 입구를
팔각으로 만들었대.

용천부로 수도를 옮길 때 당나라의 수도 장안의 모습을 참고해 계획도시
를 만들도록 지시했다.

문왕의 명령에 따라 완성된 새 수도 상경 용천부는 이중 성벽으로 둘러싸
여 있었다. 외성은 수도 바깥을 둘러싸고 있고, 내성엔 왕이 사는 궁성과
관청이 모여 있는 황성이 있었다. 궁성 앞에는 폭이 약 110미터에 이르는
넓은 길이 나 있고, 그로부터 11개의 도로가 바둑판 모양으로 뻗어 있었다.

화면에는 상경 용천부의 사진이 떠올랐다. 반듯반듯하게 잘 정비
된 옛 모습을 짐작케 해 주는 사진이었다.

"발해에는 이렇게 잘 닦여진 길이 수도뿐만 아니라 전국, 나아가 다른 나라까지 뻗어 있었어."

곧이어 화면에는 상경 용천부에서 여기저기 뻗어 나간 길들이 차례차례 나타났다.

문왕은 여러 갈래의 길을 닦는 데 큰 힘을 쏟았다.

"나라가 넓으니 잘 다스리기 위해선 길을 잘 만들어야 한다. 상경 용천부를 중심으로 전국 곳곳을 잇는 길을 만들고, 그 길들을 주변 나라까지 이어 활발하게 교역을 펼치도록 하라!"

소그드 화폐
발해 유적지인 러시아 노보고르데예프카 성터에서 발견되었어. 은화에 '부하라의 군주'라고 새겨져 있어서 중앙아시아에서 건너온 은화라는 것을 알 수 있어. 발해가 중앙아시아 사람들과 교류를 했다는 증거야.

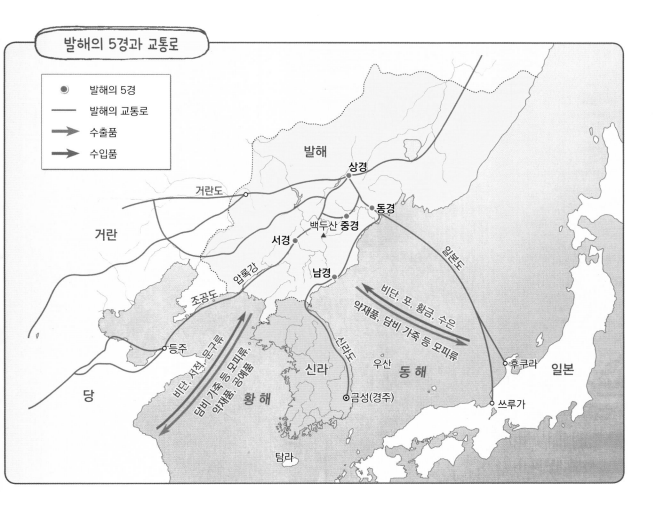

발해의 5경과 교통로

발해의 5경
발해의 교통로
수출품
수입품

발해
상경
동경
거란도
백두산 중경
거란
서경
남경
압록강
일본도
조공도
신라도
비단, 포, 황금, 수은
약재품, 담비 가죽 등 모피류
등주
비단, 서적, 문구류
담비 가죽 등 모피류
약재품, 공예품
신라
우산
동 해
훈쿠라
일본
당
금성(경주)
쓰루가
황 해
탐라

발해는 영주도, 조공도, 거란도, 일본도, 신라도 등을 통해 주변 여러 나라와 교역을 펼치며 경제력을 키워 나갔다.

"와, 상경에서 시작하는 고속 도로들이 전국을 연결하고 외국으로도 연결되네요."

나선애가 흥이 나는지 발랄한 목소리로 말했다.

"그거 말 되네! 문왕은 60년 가까이 왕위에 있으면서 발해를 아주 강한 나라로 만들었어."

##  화려한 번성기를 누리고 아스라이 사라진 발해

"문왕이 세상을 떠난 뒤 발해는 잠시 혼란에 빠졌어. 하지만 818년에 10대 왕인 선왕이 왕위에 오르면서 다시 발전하기 시작했단다. 이때야말로 발해 최고의 전성기였다고 할 수 있지!"

화면에는 발해의 군사들이 적들을 무찌르는 장면이 펼쳐졌다.

선왕이 왕위에 오른 뒤 발해는 동쪽으로는 연해주까지 땅을 넓히고 서쪽으로는 요동 지역 깊숙이 뻗어 나갔다. 남쪽으로는 대동강 북쪽까지 내려갔고, 북쪽으로는 헤이룽강 지역까지 세력을 넓혔다. 이제 발해의 영토는 통일 신라의 3배에 이르렀다.

"넓은 땅을 효과적으로 다스리기 위해선 새로운 지방 행정 조직이 필요하오."

선왕은 전국에 5경 15부 62주를 설치하고, 지방관을 파견했다. 5경은 전국 곳곳에서 중심지 역할을 할 다섯 개의 도시, 15부는 전국을 열다섯 개의 지역으로 나눈 행정구역, 62주는 각 부를 다시 작게 나눈 행정구역이었다. 또 선왕은 학문을 발전시키기 위해 당나라의 유학 책들을 많이 들여오고, 학생들을 당나라로 보내 공부하도록 했다.

"이번에 우리 발해 사람이 당나라 빈공과에 장원으로 합격했다네!"

"뭐 정말? 이제 우리 발해는 남부러울 게 하나도 없구만 그래!"

"빈공과? 어디서 많이 들어 본 말 같은데?"

허영심의 말에, 나선애가 얼른 대답해 주었다.

"당나라에서 치는 시험 이랬잖아."

발해 전성기 때의 영토

"그렇지! 외국인 대상의 과거 시험이라고 했지. 지난번 신라와 당나라의 교류에 대해 배울 때 빈공과가 신라인들의 독무대나 마찬가지였다고 했지? 그런데 살짝 변화가 생긴 거야. 예전엔 주로 신라인들이 1등을 차지했는데, 발해의 학문 수준이 높아지면서 발해인이 1등을 하기도 했지. 발해는 군사적으로 보나 문화와 학문 수준으로 보나 정말 강하고 발전된 나라로 자리 잡은 거야. 이렇게 발해가 여러 면에서 번영을 누리자 당나라마저 발해를 '바다 동쪽의 번성한 나라'란 뜻으로 '해동성국'이라고 부르게 되었어."

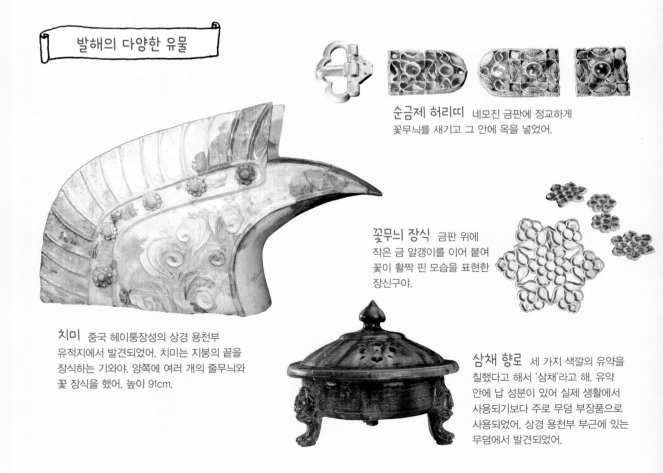

발해의 다양한 유물

순금제 허리띠 네모진 금판에 정교하게 꽃무늬를 새기고 그 안에 옥을 넣었어.

꽃무늬 장식 금판 위에 작은 금 알갱이를 이어 붙여 꽃이 활짝 핀 모습을 표현한 장신구야.

치미 중국 헤이룽장성의 상경 용천부 유적지에서 발견되었어. 치미는 지붕의 끝을 장식하는 기와야. 양쪽에 여러 개의 줄무늬와 꽃 장식을 했어. 높이 91cm.

삼채 향로 세 가지 색깔의 유약을 칠했다고 해서 '삼채'라고 해. 유약 안에 납 성분이 있어 실제 생활에서 사용되기보다 주로 무덤 부장품으로 사용되었어. 상경 용천부 부근에 있는 무덤에서 발견되었어.

"와, 발해에 별명이 붙었네요. 해동성국! 멋진 별명이다! 애들아, 이제부터 나도 '해동하다'라고 불러 줘!"

왕수재가 "해동하긴 뭘 해동해, 니가 무슨 얼음이냐?" 하고 구시렁거렸지만, 장하다는 그저 흐뭇하기만 한지 헤벌쭉한 입을 다물지 못했다.

"쉿! 애들아, 이제 영화의 마지막 장면이야!"

용선생의 말에 아이들이 다시 화면에 집중했다.

**전불** 전불이란 흙틀에 찍어 구워 만든 불상을 말해. 두터운 눈두덩이의 얼굴과 마주 모은 두 손 등이 고구려 절터에서 발견된 전불과 많이 닮았어.

**금동 보살 입상** 상경 용천부 유적지에서 발견되었어. 삼각형의 보관을 쓰고 왼손에 정병을 들고 있으며 허리가 한쪽으로 치우친 자세를 취하고 있어. 높이 10cm.

**돌사자상** 문왕의 둘째 딸인 정혜 공주의 무덤에 있던 사자상이야. 당의 돌사자와 비슷한 모습으로, 발해 왕실이 당나라 문화의 영향을 받았다는 것을 알 수 있어.

**이불 병좌상** 두 부처가 나란히 앉아 있다 하여 이불 병좌상이라고 해. 발해 불상의 전형적인 특징을 잘 보여 주고 있어. 높이 29cm.

선왕이 죽은 뒤 어언 100여 년의 세월이 흐르고, 발해는 귀족들의 왕위 다툼으로 서서히 흔들리기 시작했다.

"감히 왕위를 넘보다니……!"

"흥, 그러는 댁은 어떻고!"

이때 중국 대륙에서는 당나라가 멸망하고 거란족이 갑자기 강해지기 시작했다. 힘을 기른 거란족은 발해를 공격해 왔다. 거란군은 순식간에 발해의 수도인 상경 용천부를 포위했다.

"발해 왕은 들어라! 이제 발해는 운명이 다했으니 순순히 항복하라!"

결국 발해는 거란의 공격을 받은 지 한 달도 못 되어 멸망하고 말았다. 926년의 일이다.

"뭐야! 이게 뭐예요? 발해가 이렇게 힘없이 무너지다니, 말도 안 돼요!"

갑작스런 발해의 멸망에 장하다가 흥분한 채 소리쳤다.

"선생님 혹시, 영화 만들다가 뒷부분에서 깜빡 졸았던 거 아니에요? 아니면 귀찮아졌거나!"

허영심도 믿을 수 없다는 듯 실눈을 하고 물었다.

"안타깝지만 더는 알려 줄 수 있는 게 없어. 그토록 번영을 누렸던 발해가 어떻게 하루아침에 무너졌는지 이상하게 여기는 사람들이 많지만, 더 자세한 사정은 전해지지 않고 있지. 발해는 망했지

만 발해의 유민들은 끈질기게 거란군에 맞서며 발해를 다시 살리고자 했어. 그러다가 나중에 고려가 세워진 뒤에는 많은 사람들이 고려의 백성이 되었지."

"그건 왜죠?"

"고려는 스스로 고구려의 뒤를 잇는 나라라고 했거든. 그러니 발해 유민들은 같은 고구려의 후손끼리라면 한데 뭉쳐도 좋겠다고 여겼을 거야."

아이들의 얼굴엔 서운한 표정이 한가득이었다.

"그런데 있잖아. 너희들은 발해가 어느 나라 역사인 것 같니?"

"우릴 바보로 아시나? 어느 나라겠어요? 당연히 우리 역사지."

"영심아, 그렇게 당연한 이야기만은 아니야. 발해가 어느 나라의 역사인가 하는 점은 오늘날 중국, 러시아, 우리나라 사이에서 민감한 논쟁거리가 되고 있거든."

'좌효위장군 섭리계'
의 이름이 새겨진
청동 부절

러시아 니콜라예프카
성터에서 발견되었어.
부절은 두 조각으로
나누어 두 사람이 각각
가지고 있다가 군사를
동원하거나 할 때 서로
맞추어 보던 물건이야.
섭씨는 말갈인들이 쓰던
성으로 섭리계 장군이
말갈인이라는 것을 알
수 있어.

"그게 무슨 얘기예요?"

아이들이 놀란 표정을 지었다.

"중국 쪽에서는 발해 백성들이 대부분 말갈인이었는데 오늘날 말갈인은 모두 중국인이라는 점, 발해 땅도 대부분 지금은 중국 땅이라는 점을 들어 발해가 중국 역사라고 주장하고 있어. 러시아도 마찬가지 논리로 발해의 옛 땅이던 연해주 지역이 지금은 러시아 땅이고, 말갈인은 러시아의 소수 민족이라면서 발해가 러시아 역사라고 하지."

"지금 자기네 땅이니까 옛날에 거기 있던 나라도 자기네 역사라는 거네요?"

"응, 현재의 영토를 기준으로 역사를 나누는 거지. 그리고 또 논쟁거리가 되는 건 발해의 주인이 누구였냐 하는 문제야, 중국이나 러시아는 발해가 말갈인들의 나라였다고 말하고 있어. 그러니 우리 민족의 역사가 아니라 말갈인의 역사고, 지금 말갈인이 속한 나라의 역사가 된다는 거지."

"아까 발해 백성들 중에 말갈인이 많긴 했지만, 분명히 고구려 유민들이 중심이 돼서 세운 나라라고 하셨잖아요."

허영심의 말에 얼굴이 벌게진 장하다가 "당연하지, 그럼!" 하고 맞장구를 쳤다.

"거참, 인기 한번 좋은 나라네. 어느 나라 역사인지가 그렇게 중

요한가……. 왜들 발해가 자기네 나라 역사라고 하는 건데요?”

이해할 수 없다는 듯 장하다를 물끄러미 바라보던 왕수재가 용선생에게 물었다.

“음…… 중요한 의문이야. 나라마다 발해를 자기네 역사로 삼고 싶어 하는 데에는 꽤 복잡한 이유가 있어. 지나간 역사와 현재 자기 나라의 위상을 연결 지어서, 국제 사회에서 정치적으로나 경제적으로 좀 더 유리한 위치에 서고자 하는 거지. 특히 중국에서는 발해뿐 아니라 고구려, 심지어 고조선의 역사까지도 중국 역사의 일부로 보아야 한다는 주장이 심심치 않게 나오고 있어. 먼 옛날에는 동북아시아 전체가 중국의 지배를 받았다는 식으로 역사를 정리해서 중국은 그만큼 대단한 나라라는 걸 강조하려는 거지.”

“끙, 그건 좀 심한데…….”

왕수재가 이마를 잔뜩 찌푸렸다.

“고구려에 고조선까지? 말도 안 돼! 역사가 무슨 껌딱진가? 여기 붙였다 저기 붙였다 하게? 으아!”

흥분한 나머지 어쩔 줄 모르는 장하다에게 용선생이 진정하라는 손짓을 했다.

“하다야, 이런 문제는 냉정하게 풀어야 돼. 말로만 발해가 고구려의 뒤를 이은 나라라고 할 게 아니라 그 근거부터 따져 봐야지. 그래서 이 선생님이 또 특별 부록 영화를 준비했지!”

## 발해 속 고구려를 찾아라!

용선생이 다시 화면을 켜자 많은 사람들이 성을 쌓는 장면이 나타났다.

"발해 사람들이 성을 쌓는 모습인데, 평지성과 산성을 함께 짓고 있어. 평지성에서 살다가 적군이 쳐들어오면 산성으로 올라가려는 거지. 그런데 고구려도 성을 쌓을 때 평지성과 산성을 함께 지었어. 발해의 성이 고구려의 성을 이어받은 것임을 짐작할 수 있지."

다음 화면엔 무덤이 나타났다.

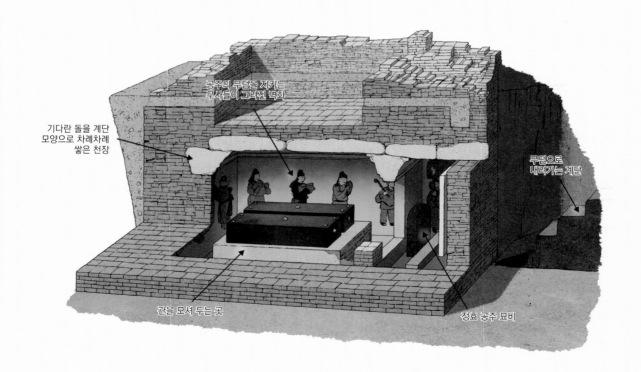

정효 공주 무덤 단면도

중국 지린성에 있는 정효 공주 무덤이야. 1980년 소에게 먹일 풀을 베러 갔던 학생이 우연히 공주의 무덤을 발견했지. 무덤의 벽면에는 시종, 무사 등 열두 명의 인물이 그려져 있어.

공주의 무덤을 지키는 무사들이 그려진 벽화

기다란 돌을 계단 모양으로 차례차례 쌓은 천장

무덤으로 내려가는 계단

관을 모셔 두는 곳

정효 공주 묘비

"이건 발해 문왕의 넷째 딸이었던 정효 공주의 무덤이야. 무덤의 천장을 한번 보렴. 기다란 돌을 계단 모양으로 차례차례 쌓아 점점 공간을 줄여 나갔지? 이건 고구려 무덤에서 쉽게 찾아볼 수 있는 양식이야. 그리고 문왕의 둘째 딸인 정혜 공주의 무덤은 널찍한 돌을 쌓아 방을 만들고 그 안에 관을 모셔 두는 방식으로 만들어졌어."

**정효 공주 무덤의 내부(복원)** 정효 공주 무덤의 천장을 보면 고구려 무덤 양식처럼 공간이 계단 모양으로 줄어드는 것을 확인할 수 있어. 또 벽돌로 무덤을 쌓은 것은 당나라 무덤 양식이지. 이를 통해 정효 공주 무덤은 고구려와 당나라의 영향을 모두 받아 만들어 진 것을 알 수 있어.

"어? 고구려에서도 무덤을 이렇게 만들었죠!"

왕수재가 재빨리 외쳤다.

"그래. 발해의 무덤도 고구려의 무덤을 이어받았다는 걸 알 수 있지. 다음 화면을 보자."

"저거, 쪽구들이다! 맞죠?"

허영심이 반가워하며 소리쳤다.

"응. 고구려 사람들이 추운 겨울을 따뜻하게 나기 위해 온돌의 일종인 쪽

**쪽구들** 러시아 연해주 크라스키노 성터에서 발견된 쪽구들이야. 쪽구들처럼 아궁이에 불을 지펴 바닥을 데우는 난방 방식은 한족·거란 등의 유적에서는 찾아볼 수 없는 우리 고유의 주거 양식이야.

**연꽃무늬 수막새** 왼쪽은 고구려의 수막새고, 오른쪽은 발해의 수막새야. 연꽃무늬를 표현하는 방식이 서로 비슷하지?

구들을 사용했다고 했던 것 기억하지? 그런데 발해의 옛 성터에서도 이 쪽구들이 발견되었어. 또 있어. 지금 화면에 보이는 건 기와집 지붕의 처마 끝부분을 장식하는 수막새라는 건데, 하나는 고구

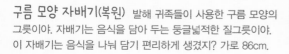
## 유물로 본 발해의 생활과 문화

**발해의 토기** 발해 사람들은 콩, 메밀, 보리, 수수 등 밭농사를 주로 지었는데, 거두어들인 곡식은 이런 키가 크고 용량이 커서 저장하기에 좋은 그릇들에 넣어 두었어.

**구름 모양 자배기(복원)** 발해 귀족들이 사용한 구름 모양의 그릇이야. 자배기는 음식을 담아 두는 둥글넓적한 질그릇이야. 이 자배기는 음식을 나눠 담기 편리하게 생겼지? 가로 86cm.

**치미** 치미는 지붕의 끝을 장식하는 기와야. 왼쪽은 고구려의 치미고, 오른쪽은 발해의 치미지. 전체적인 구성과 문양 형태가 비슷해.

려의 수막새이고, 다른 하나는 발해의 수막새야. 많이 닮았지?"

"정말 비슷해요! 꼭 형이랑 동생 같아요."

곽두기가 손가락으로 화면을 가리키며 말했다.

**정효 공주 무덤에 그려진 발해 사람들** 그림 속의 인물들이 입고 있는 옷과 가지고 있는 물건들을 통해 발해 사람들의 옷차림과 생활을 엿볼 수 있어.

**연꽃무늬 수막새와 벽돌** 연꽃은 불교를 상징하는 꽃이야. 발해의 유적지에서는 연꽃무늬 장식이 종종 발견되는데, 이를 통해 발해 사람들도 불교를 중요시했음을 알 수 있어.

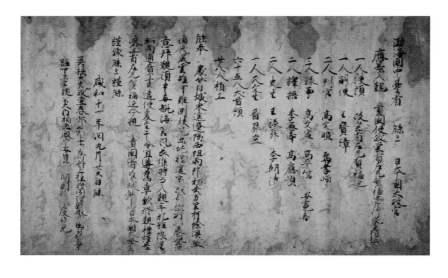

"하나 더. 발해 왕이 일본에 편지를 보낼 때, 자신을 '고려 왕'이라고 칭했는데, 여기서 고려는 고구려를 줄여서 부른 거야. 발해가 스스로를 고구려의 뒤를 이은 나라라고 생각했다는 걸 알 수 있지. 일본 역사책에서도 발해를 가리킬 때 '고려'라고 했고."

"아, 고구려 역사 맞네! 맞지? 너네도 똑똑히 봤지?"

장하다가 다시 목소리를 높였다. 그러자 용선생이 아이들 앞으로 한 걸음 다가섰다.

고구려 그릇과 발해 그릇
왼쪽은 고구려 그릇, 오른쪽은 발해 그릇이야. 입구가 나팔처럼 벌어져 있고, 손잡이가 달려 있어.

"애들아, 우리가 역사를 공부하면서 꼭 기억해야 할 점이 있어. 역사에 대한 해석은 언제나 오늘을 사는 사람들의 몫이야. 그게 누구냐에 따라서 해석도 조금씩 달라지게 마련이지. 하지만 누구도 역사를 현재에 끼워 맞추려 들어선 안 돼. 가장 중요한 것은 역사를 그 모습 그대로 이해하려는 태도지. 무슨 말인지 알겠니?"

"자기 이익을 위해서 역사를 이용하면 안 된다는 뜻이죠?"

나선애의 말에 허영심이 "러시아나 중국처럼요!" 하고 토를 달았다.

"그래, 하지만 우리가 발해를 바라볼 때도 마찬가지야. 발해 역사를 두고 내 것이니 네 것이니 하고 다투는 데만 매달리다 보면 정작 발해의 본모습과 가치를 이해하는 일은 뒷전이 될지도 몰라."

아이들은 저마다 생각에 잠긴 채 아무 말이 없었다. 마침 수업 종이 울렸지만, 자리에서 일어서려는 사람도 없었다. 침묵을 깬 것은 장하다였다.

"나 오늘부터 용돈 모을 거야!"

"형아, 왜?"

**견고려사 목간**
모두 22자가 쓰여져 있어. 발해에 사신으로 다녀온 일본의 오노다모리 일행을 2계급 특진시킨다는 내용이야. 발해로 보낸 사신을 '견고려사'라고 부르는 것으로 보아 발해를 '고려'라고 했다는 것을 알 수 있어. 길이 24.8cm, 너비 2cm.

고려

"비행기 값 모아서 나중에 발해 유적지 보러 가야지! 그래야 발해에 대해 더 잘 알 수 있을 거 아냐?"

그 말에 아이들이 "그거 좋은 생각이다", "나도, 나도!" 하고 맞장구를 쳤다.

"그럼 나중에 다 같이 가자! 헤헤!"

기분이 좋아진 장하다가 배낭을 거꾸로 들고 탈탈 흔들었다. 엄청나게 쏟아져 나오는 과자며 떡, 음료수를 본 아이들이 환호성을 질렀다. 용선생은 장하다의 머리를 슥슥 쓰다듬어 준 뒤 먹음직하게 생긴 떡 한 덩어리를 입에 쏙 집어넣었다.

"아, 꿀떡 맛 좋다!"

# 나선애의 정리노트

## 1. 발해의 대표적인 왕들

1대 대조영(고왕) : 지린성 동모산에서 발해를 세움(698년)

2대 무왕 : 당나라의 산동 지방을 공격함

3대 문왕 : 수도를 옮기고 당나라와 친선 관계를 맺음

10대 선왕 : 전성기. 발해 역사상 최대 영토를 차지함

　　　　　(동쪽으로는 연해주, 서쪽으로는 요동,

　　　　　남쪽으로는 대동강, 북쪽으로는 헤이룽강까지)

## 2. 발해의 주민들은?

고구려인 ＋ 말갈인

## 3. 발해가 고구려의 뒤를 이은 나라라는 근거

- 지배층의 다수가 고구려인들이었음
- 고구려 문화를 많이 찾아볼 수 있음

　(굴식 돌방 무덤, 산성, 쪽구들, 수막새 모양 등)

- 고구려를 계승했다는 의식을 갖고 있었음

　(발해 왕이 발해는 고려이고, 자신은 고려 왕이라고 함)

**용선생의 역사 카페**
역사계의 슈퍼스타,
용선생의 역사 카페에
오신 걸 환영합니다

Log in

게시판 ⌄

📄 역사가 제일 쉬웠어용!
📄 이제는 더~ 말할 수 있다!
📄 필독! 용선생의 매력 탐구
📄 전교 1등 나선애의 비밀 노트

# 공주들의 무덤을 통해 본 발해

발해 사람들이 직접 남긴 기록이 없기 때문에 발해를 연구하는 데는 한계가 많아. 그나마 다행인 것은 정혜 공주와 정효 공주의 무덤, 그리고 묘지명이 발견되어 발해 사람들의 삶을 살짝 엿볼 수 있다는 거지.

문왕의 둘째 딸 정혜 공주(738~777)의 무덤은 고구려 방식을 따랐고, 문왕의 넷째 딸 정효 공주(757~792)의 무덤은 고구려 방식과 당나라 방식을 섞어 만들었어. 즉, 고구려와 당나라의 문화가 만나 발해만의 독특한 문화로 재탄생하는 모습이 잘 드러난다고 할 수 있지. 정혜 공주의 무덤에서는 생동감이 넘치는 돌사자상이 나왔고, 정효 공주 무덤

에서는 벽화가 발견되었어. 이 벽화 덕분에 발해 사람들이 어떤 옷을 입었는지 짐작할 수 있어. 그리고 구리 장식품, 흙으로 만든 인형, 그릇 등 발해의 생활을 엿볼 수 있는 귀중한 유물들이 많이 출토되었어.

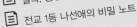

정효 공주 묘지명

무덤 안에서는 묘지명도 발견되었어. 묘지명은 죽은 사람을 기리기 위해 무덤 안에 넣는 글을 말해. 묘지명에 따르면 공주들은 어려서부터 여선생님으로부터 유학을 배웠다고 해. 또 아름답고, 총명하고, 부드럽고, 우아해서 궁궐의 모범이 되었다지.

그런데 공주들의 삶은 그리 순탄치만은 않았어. 둘째 딸 정혜 공주는 남편과 사이가 좋았다고 해. 거문고와 큰 거문고처럼 잘 어울렸다지. 그런데 안타깝게도 남편과 어린 아들을 먼저 떠나보냈다고 해. 넷째 딸 정효 공주 역시 남편과 어린 딸을 먼저 떠나보냈어.

가족을 잃은 슬픔 때문이었을까? 정혜 공주와 정효 공주는 각각 40세, 36세에 세상을 떠나고 말았어. 두 딸을 잃은 문왕은 크게 슬퍼하며 잠자리에 들지 않고 음악도 중지시켰다고 해.

정효 공주 무덤의 벽화

 COMMENTS

🧑 나선애 : 발해의 공주들에게 무슨 걱정거리가 있었겠나 싶었는데, 이런 아픔이 있었네요.

↳ 👧 허영심 : 근데 공주들을 묘사한 글 말야. 아름답고, 총명하고 어쩌고 저쩌고. 마치 나를 보고 쓴 글 같지 않니?

↳ 👦 왕수재 : ……

# 한국사 퀴즈 달인을 찾아라!

## 01 ★☆☆☆☆

698년, 영주에서 탈출한 사람들은 당나라의 끈질긴 추격을 물리치고 드디어 동모산을 중심으로 발해를 세울 수 있었어. 그때 왕이 된 사람이 누구지? (힌트: 이 사람 아버지의 이름은 걸걸중상이야.)

(                    )

## 02 ★★☆☆☆

남쪽에는 통일 신라가 있고, 북쪽에는 발해가 있던 때를 가리켜 뭐라고 부르지? (          )

① 이국 시대          ② 남북국 시대
③ 후삼국 시대        ④ 남북조 시대

## 03 ★★★★★

역사반 아이들이 발해에 대해 이야기를 나누고 있네? 아이들의 대화를 통해 공통적으로 추측할 수 있는 사실은 무엇일까? (          )

> 영심 : 정혜 공주 무덤의 천장은 점점 공간을 줄여 나가는 식으로 돌을 쌓아져 있어.
>
> 하다 : 발해는 난방을 위해 쪽구들도 사용했대.
>
> 선애 : 이것 봐! 발해 왕이 스스로 '고려 왕'이라고 했대.

① 발해에는 많은 이민족들이 살았다.
② 발해는 고구려의 영향을 많이 받았다.
③ 발해는 전쟁을 통해 영역을 넓혀 나갔다.
④ 발해 사람들은 매서운 추위를 견디기 힘들어 했다.

# 05 ★★★★☆

발해에 관한 역사 자료를 모으고 있는데 엉뚱한 구절이 있네? 누가 좀 찾아 줘! (          )

① 발해에서 일본에 편지를 보낼 때, 발해 왕은 스스로를 '고려 왕'이라 하였다.
② 일본의 역사책에서도 발해를 가리킬 때 '고려'라고 했다.
③ 당나라에서는 발해를 '해동성국'이라 불렀다.
④ 698년 대조영은 나라를 세우고 나라 이름을 고구려라 했다.

# 04 ★★★☆☆

용선생이 발해 지도를 복사해 줬어. 그런데 복사 상태가 엉망이라서, 발해 상경 용천부에서 뻗어 나가는 길 이름들이 군데군데 지워져 있지 뭐야. 빈칸에 길 이름을 적어 볼래?

힌트
① 당나라로 조공 무역을 하러 가는 길이야.

② 신라와 교역을 하러 가는 길이야.

③ 일본과 교류를 하러 가는 바닷길이야.

• 정답은 259쪽에서 확인하세요!

# 7교시

# 무너지는 신라,
# 떠오르는 호족

삼국을 통일하고 화려한 전성기를 누린 신라!

하지만 갈수록 정치가 혼란해지고 흉년까지 겹치자 백성들의 삶은 너무나 고단해졌지.

결국 신라의 백성들은 살기 위해 봉기를 일으키게 돼.

이렇게 혼란한 상황에서 지방에서는 새로운 세력들, 호족이 나타났어.

각지의 호족들은 백성들의 마음을 사로잡으며 힘을 키워 갔단다.

고인 물은 썩게 마련인 법, 신라의 운명도 점점 기울어 가는구나.

841

장보고가
암살당하다

원종과
애노가
반란을
일으키다

최치원이
〈시무 10조〉를
올리다

889

해인사에
도적들이
쳐들어오다

894

붉은 바지
농민군이
경주까지
쳐들어오다

895

견훤이
후백제를
세우다

896

900

해인사 묘길상탑

오늘도 미니버스는 한산한 도로 위를 달리고 있었다. 용선생은 아이들이 깰까 봐 작은 목소리로 쩔쩔매며 전화를 받는 중이었다.

"네, 너무 화내지 마세요. 교실에서 수업하는 것보다 역사 현장에 가서 공부하는 게……. 아, 예! 그럼요. 한 번만 봐주세요."

그때 장하다가 입이 찢어져라 하품하며 기지개를 켰다.

"아, 잘 잤다. 선생님, 해인사는 아직도 멀었어요?"

그 소리에 다른 아이들도 하나둘 부스럭거리며 몸을 세워 앉았다. 용선생은 애써 명랑한 척하며 목소리를 높였다.

"그래! 잘들 잤니? 해인사가 원래 좀 멀어. 하지만 해인사에 가면 신라의 탑을 직접 볼 수 있으니 얼마나 좋니? 그렇지? 이야, 오늘 날씨 한번 끝내준다! 날씨가 좋으니 기분도 좋네!"

용선생의 허세에 곽두기가 시무룩한 표정으로 말했다.

"선생님, 거짓말……. 기분이 좋기는요. 교장 선생님한테 또 혼나
셨죠?"

"오늘따라 교장 선생님 목소리가 어찌나 크시던지, 아까부터 다
들렸어요."

허영심도 거들었다. 잠귀가 어두운 장하다 빼고는 다들 깨어
있었던 눈치였다.

"……끄응, 다 들켰구나."

용선생은 풀이 죽어 운전대 앞으로 몸을
잔뜩 움츠렸다. 그 모습이 우습기도 하고
안쓰럽기도 해서, 아이들은 소리를 죽여 키
득거렸다.

 ## 신라의 농민들은 왜 도적이 되었을까?

가야산 중턱으로 오르는 길, 아이들은 맑은 공기와 아름다운 풍
경에 기분이 상쾌해졌다. 선선한 바람이 이마를 간질이고, 시원한
계곡물 소리가 귀까지 즐겁게 해 주었다.

"해인사는 신라 애장왕 때 지어졌어. 고려의 《팔만대장경》이 보
관되어 있는 곳이기도 하지. 우리나라의 국보 말이야."

용선생의 설명에 왕수재가 급히 끼어들었다.

"고려의 《팔만대장경》이요? 우린 아직 신라에 대해 배우고 있잖아요! 가만, 선생님 오늘 잘못 오신 거 아니에요?"

"어이쿠 그럴 리가! 여기 해인사에는 신라 때 세워진 '묘길상탑'이 있단 말이야. 우린 오늘 그걸 보기 위해 온 거야."

"묘길상탑? 이름 참 특이하네요. 어쩐지 불국사에서 본 다보탑, 석가탑보다 더 멋진 탑이 기다리고 있을 것 같은데요? 아, 기대된다!"

해인사 일주문  절에 들어갈 때 제일 먼저 만나게 되는 문이야. 해인사는 경상남도 합천에 있는 절이야. 통일 신라 왕실의 후원을 받아 802년에 지어졌어.

장하다가 두 팔을 휘휘 저으며 씩씩하게 앞서 나갔다. 뭔가 덧붙이려던 용선생은 "글쎄다……. 직접 가서 보면 알 거야" 하고 중얼거리고는 하다의 뒤를 따랐다.

드디어 저 멀리 해인사의 일주문이 보였다. 아이들은 얼른 묘길상탑을 볼 생각에 우르르 일주문 쪽으로 몰려갔다.

"얘들아! 다 왔는데 어디

해인사 묘길상탑 탑은 사리나 경전을 넣는 것이 일반적인데 이 탑은 특이하게도 해인사에서 일어난 싸움에서 희생된 56명의 이름을 새긴 돌판을 넣었어. 높이 약 3m. 보물.

가? 묘길상탑은 해인사 안에 없어. 여기 있다고."

아이들이 걸음을 멈추고 돌아보니 용선생은 3미터 남짓 되는 3층 석탑 앞에 서서 씩 웃고 있었다. 거뭇거뭇하니 색이 바래고 이끼가 덮인 곳이 많아 초라해 보이기까지 하는 탑이었다.

"원래 탑은 절 앞마당에 있는 거 아니에요? 이 탑은 왜 길가에 있어요?"

용선생은 가방에서 둘둘 말린 종이를 꺼냈다.

"이 묘길상탑은 보통 절에 있는 탑하고는 달라. 아주 많이 다르지. 이 탑 안에서는 최치원이 쓴 글이 발견되었어. 당나라에서 벼슬을 했다는 최치원 기억나지? 묘길상탑을 세울 때, 최치원은 탑을 만든 이유를 돌판에 기록해 탑 안에 넣은 거야. 돌판에 무슨 내

묘길상탑기 묘길상탑 내부에서 발견된 돌판 4개 중 하나야. 앞면에는 희생당한 승려들을 기리는 최치원의 문장이, 뒷면에는 탑을 만드는 데 든 비용이 새겨져 있어.

용이 쓰여 있었는지 읽어 주마. '나라에 악한 기운이 가득하여 굶어 죽고 전쟁 때문에 죽은 백성들의 해골이 온 들판에 가득하다. 이에 3층 석탑을 지으니, 억울하게 죽은 영혼들이 길이길이 이곳에서 쉬게 하리라.'"

용선생이 심각한 목소리로 읽어 준 내용에, 아이들은 어리둥절한 채 말을 잇지 못했다.

"이때 신라에는 도적들이 들끓고 있었어. 도적들은 해인사까지 쳐들어왔지. 해인사의 승려와 백성들은 도적들을 막으려다가 목숨을 잃고 말았단다. 최치원은 그때 목숨을 잃은 사람들과 나라 안 곳곳에서 안타깝게 죽어간 사람들의 억울한 영혼을 위로하기 위해서 이 탑을 세운 거야."

"절은 부처님을 모시는 곳인데, 그런 곳에까지 쳐들어가다니 정말 나쁜 도적들이었네요!"

"두기야, 그런데 말이다. 절에 쳐들어온 도적들도 원래는 농민들이었어."

"네? 농민들이 농사를 안 짓고 왜 도적이 된 건데요?"

그때 나선애가 뭔가 생각난 듯 손뼉을 쳤다.

"아, 저번에 완도에 갔을 때 신라가 혼란스러워졌다고 하셨죠? 귀족들이 서로 왕이 되겠다고 싸우고 백성들은 먹고살기 어려워지고. 그래서 해적들이 백성들을 잡아가도 돌볼 사람이 없었다고요."

"그래, 진골 귀족들의 심한 왕위 다툼 속에 지방의 백성들은 점점 살기 힘들어졌지. 귀족들은 왕위를 차지하기 위해서 자신들의 세력 불리기에 혈안이 되었고. 자기만을 위해서 싸우는 군사까지 거느렸어. 이 때는 왕이라고 별로 다르지 않았지. 백성이나 나라 전체를 생각하기보다 귀족들과의 싸움만 생각하는 왕들도 있었어. 지방의 백성들을 생각한다고 해도 왕의 힘이 지방까지 미치지도 못했고. 왕실이나 귀족은 재산을 늘리기 위해서 땅을 야금야금 늘려 갔지. 가난한 농민에게 곡식을 빌려준 뒤 곡식을 제때 갚지 못하면 땅을 빼앗아 버리기도 했어. 땅을 빼앗긴 농민들은 노비가 되거나 정든 고향을 떠나서 여기저기로 떠돌아다니는 수밖에 없었고. 그렇다고 살 길을 찾을 희망이 있었냐, 그렇지도 않았어. 어딜 가나 땅을 잃은 농민, 배고픈 거지들이 바글거렸으니까. 그러니 배고픔을 견디다 길거리에서 비참하게 굶어 죽느니 차라리 도적질이라도 해서 먹고살려고 농민들이 도적이 되었던 거야."

"어휴……."

아이들은 말문이 막힌 듯 긴 한숨만 내쉬었다.

"이렇게 재산을 그러모은 귀족들은 사치스러운 생활을 했어. '당나라에서 유행하는 옷이라고? 당장 사야

금동 사리기 경북 칠곡의 송림사 5층 전탑(보물) 안에서 발견되었어. 얇은 금판을 오려 사리기(사리를 넣어두는 용기)를 만들고, 그 안에는 녹색 유리로 만든 사리병(사리를 담은 병)을 넣었어. 높이 15.3cm. 국립대구박물관 소장. 보물.

지!', '귀한 것들은 내가 먼저 다 사들일 테다! 당나라에서 만든 조
각상으로 집을 장식하고, 서역의 양탄자를 깔아야지!' 이러면서 엄
청나게 비싼 물건들을 마구 사들였어. 귀족들의 사치가 어느 정도
였냐면 말야. 식사 때 한 끼에 50가지 요리를 먹는 귀족도 있었고,
혼자서 3천 명이 넘는 노비를 부리는 귀족도 있었어. 심지어 집을
번쩍번쩍 빛나는 금으로 장식한 귀족들도 있었대. 이런 집을 '금입
택'이라고 했는데, 그런 집이 한둘도 아니고 40여 채나 되었다는 거
야. 그들은 그릇이나 수레, 말의 장신구까지 금으로 장식했지."

"세상에나, 믿어지지가 않는데요……."

나선애가 황당하다는 얼굴로 중얼거렸다. 화려한 물건들 이야기가 나오면 호기심으로 눈빛이 반짝거리곤 하는 허영심조차 인상을 잔뜩 찌푸렸다.


##  가난에 허덕이던 백성들의 안타까운 이야기

　"귀족들이 이렇게 사치스런 생활을 하는 동안, 대부분의 농민들은 가난에 시달리며 겨우 하루하루를 버텼어. 그 당시 신라 백성들의 삶이 얼마나 고달팠는지를 알려 주는 이야기들이 있어. 손순이라는 사람과 효녀 지은에 대한 이야기야."

　용선생이 나무 그늘 밑으로 걸음을 옮기자, 아이들이 쪼르르 따라와 각자 자리를 잡고 앉았다.

　"신라에 손순이라는 사람이 살았어. 손순과 그의 아내는 남의 집에서 일을 해 주며 간신히 배를 채우는 처지였어. 집에는 늙은 어머니와 어린 자식까지 있어서 아무리 열심히 일을 해도 먹을 것은 늘 모자랐지. 그런데도 그는 어머니를 갖은 정성을 다해서 모셨어. 자기는 굶더라도 어머니에게는 제일 좋은 음식만을 드렸지. 그런데 손순이 가만히 보니, 아이가 늘 어머니의 음식을 빼앗아 먹는 게 아니겠어?

'할머니, 나 한 입만.'

'오냐, 많이 먹고 쑥쑥 자라거라.'

고민하던 손순은 결국 아내에게 이렇게 말했어.

'아이는 다시 얻을 수 있지만 어머니는 다시 얻을 수 없소. 아이가 어머니의 음식을 빼앗아 먹으니, 어머니께서 얼마나 굶주림이 심하시겠소? 차라리 아이를 땅에 묻어 버리고, 어머니를 배부르게 해 드리는 것이 어떻겠소?'

아내는 마음이 찢어질 듯 아팠지만 하는 수 없이 그 말을 따르기로 했어. 부부는 아이를 업고 들판으로 가서 땅을 파기 시작했어. 그런데 바로 그 자리에 뭔가 묻혀 있는 거야. 땅을 깊이 파니 돌로 만든 커다란 종이 나왔어. 깜짝 놀란 부부가 종을 쳐 보았더니, 소

리가 은은하고 고왔지. 그러자 아내가 눈물을 흘리며 말했어.

'이렇게 신기한 물건이 나온 걸 보니, 아이를 죽이지 말라는 하늘의 뜻이 아닐까요?'

결국 손순과 아내는 도로 아이를 데리고 집으로 돌아왔어. 아이를 묻으려던 자리에서 나온 종은 집에 매달아 두었는데, 그 종소리가 대궐까지 전해졌어. 이상하게 생각한 왕은 사람을 보내 무슨 종소리인지 알아 오라고 했지. 모든 사정을 전해 들은 왕은 손순의 깊은 효심에 감동해서 집과 곡식을 내려 주었다고 해."

손순의 이야기가 끝나자 장하다가 몸을 부르르 떨었다.

"아아, 그동안 몰래 할머니 사탕을 꺼내 먹었는데…… 큰일이네! 나도 우리 아파트 공터에다 종을 파묻어 둘까."

왕수재가 눈썹을 찌푸리며 "이상한 소리 좀 하지 마!" 했다.

"또 다른 이야기도 해 주세요!"

"그래, 이번엔 효녀 지은 이야기를 들려줄게. 어느 마을에 지은이라는 처녀가 살고 있었어. 지은은 어렸을 때 아버지를 잃고, 눈이 먼 어머니와 단둘이 살고 있었지. 지은은 이미 나이가 꽉 찼지만 시집도 가지 않고 남의 집 일을 해 가면서 어머니를 모셨어. 그런데 날이 갈수록 형편은 더욱 어려워졌지. 어느 날, 먹을 게 뚝 떨어져 버리자 지은은 할 수 없이 쌀 10여 섬을 받고 부잣집 종이 되었어. 어머니가 알면 속상해하실까 봐 말은 못하고, 새벽에 나가 일을 하고 밤에 와서 어머니 밥을 지어 드렸지. 그런데 하루는 어머니가 지은을 불러서 이렇게 이야기하는 거였어.

'지은아, 참 이상한 일이다. 전에는 형편없는 음식을 먹어도 맛있기만 하더니, 요즘은 좋은 쌀밥을 먹는데도 칼로 찌르는 것처럼 속이 쓰리구나.'

지은은 하는 수 없이 사실을 털어놓았어. 그러자 어머니는 '내가 너를 몸종으로 만들다니, 차라리 죽고만 싶구나!'하면서 울음을 터뜨렸어. 두 사람은 부둥켜안고 하염없이 눈물을 흘렸지. 다행히도 지은의 이야기를 전해 듣게 된 화랑과 낭도들이 지은의 몸값을 부잣집에 대신 갚아 주고 곡식도 보내 줬어. 이 이야기를 전해 듣게 된 왕도 지은의 착한 마음씨를 칭찬하며 집과 곡식을 내려 주었대."

아이들은 "너무 불쌍해", "그래도 왕이 도와줘서 다행이다"하며 한마디씩 소감을 이야기했다.

"이 이야기들 속에서는 그래도 왕이 손순과 지은을 보살펴 주지. 그런데, 이렇게 역사책 속에 기록이 남아 있는 걸 보면 왕이나 귀족이 도와준 건 아주 드문 경우였을 테고, 대부분의 가난한 사람들은 스스로 굶주림에서 벗어나야 했을 거야. 당시 신라 백성들은 귀족이든 왕이든 전혀 믿음을 갖지 못했던 것 같아. 너희들 '임금님 귀는 당나귀 귀'라는 말 들어 봤지?"

"옛날이야기 책에서 읽었어요! 임금님 귀가 당나귀 귀처럼 생긴 걸 본 사람이요. 그 이야기를 못해서 답답해하다가 숲 속 나무에 대고 말했는데요. 그랬더니, 나중에 숲에서 그 소리가 울려 퍼졌대요. 그 이야기 맞죠?"

곽두기가 반가워하며 자기가 아는 이야기를 설명했다.

"그래, 바로 그 얘기! 그 이야기의 주인공이 신라의 경문왕이야. 그런데 사실은 정말 임금님 귀가 당나귀 귀처럼 생겼다는 뜻이 아니라, 귀가 달려 있어 봤자 백성들의 고달픈 삶도, 나라를 다스리는 왕을 원망하는 소리도 제대로 귀담아듣지 못하는 임금을 빗댄 이야기라는 거야."

선애는 점점 화가 치미는지 눈에 힘을 주며 소리를 높였다.

"왕이고 귀족들이고…… 아니, 백성들이 그렇게 힘들게 사는데 누구는 집을 금으로 꾸미고 배 터지게 먹고 마시며 놀았다는 거잖아요? 어휴, 속 터져! 나 같으면 가만히 안 있었겠다!"

허영심의 인물 사전

**경문왕**(?~875)
신라 48대 왕으로, 왕의 아들이 아니라 사위라서 그가 왕위에 오르는 걸 반대하는 사람이 많았어.

 ## 원종과 애노, 신라에 반기를 들다

"신라의 농민들도 더는 참을 수 없었어. 진성 여왕이 나라를 다스리던 889년, 농민들은 마침내 힘을 모아 저항을 하기 시작했지. 농민들이 분통을 터뜨리게 된 계기는 세금이었어. 나라에 세금을 내

허영심의 인물 사전

**진성 여왕**(?~897)
신라 51대 왕으로, 경문왕의 딸이자 정강왕의 여동생이었어. 정강왕이 자식 없이 죽자 그 뒤를 이어 신라의 세 번째 여왕이 되었어.

던 농민들 중에 노비나 도적이 되어 버리는 사람들이 많아지자, 자연히 나라에서 걷을 수 있는 세금의 양이 크게 줄어들었어. 그나마 걷은 세금마저도 귀족이나 관리들이 슬쩍 가로챘기 때문에 나라의 창고는 텅텅 비었고, 관아에서 쓸 경비도 뚝 떨어졌어. 진성 여왕은 세금을 걷어 오라며 지방에 관리를 보냈지. 그러자 그동안 쌓여 왔던 농민들의 분노가 한꺼번에 터져 나왔어. '가뜩이나 흉년이라 먹을 것도 없는데 또다시 세금을 내라고? 귀족들한테서나 받을 일이지!'"

나선애는 한 손을 꽉 말아 쥔 채 침을 꼴깍 삼켰다.

"시작은 신라 9주 가운데 하나인 사벌주에서부터였어. 원종과 애노라는 두 농민이 앞장서서 '이 나라가 농민들을 다 죽일 셈인가! 더 이상은 못 참겠다!' 하며 봉기를 일으킨 거야."

"선생님, 근데 봉기가 뭐예요?"

두기가 조심스레 끼어들었다.

"화가 나서 다 같이 들고일어나는 걸 말해. 한두 사람이 아니라 벌 떼처럼 여럿이 떼를 지어 세차게 일어나 나라를 다스리는 사람들에 대항하는 거지. 신라 말에는 여러 차례의 농민 봉기가 일어났는데, 원종과 애노의 봉기는 그 시작을 알리는 사건이었단다. 그만큼 당시의 신라는 백성들이 살기 힘든 사회였다는 뜻이지. 우르르 들고 일어난 농민들은 부자들의 집이나 관청, 절을 닥치는 대로 공격했

어. 그동안 참아 왔던 분노가 너무 커
서 봉기를 일으킨 농민들의 기세도 대
단했단다. 깜짝 놀란 나라에서 군대
를 보내 반란을 진압하려고 했지만 성
난 농민들을 쉽게 막을 순 없었어. 농
민 봉기는 금세 전국으로 퍼져 나갔어."

용선생이 말을 멈추고 묘길상탑을
가리켰다.

"이제 저 묘길상탑이 왜 세워졌는지
알겠지? 바로 농민 봉기 때 죽어 간 사
람들을 위로하기 위해 세워진 거야."

"농민들도 승려들도 정말 안됐다."

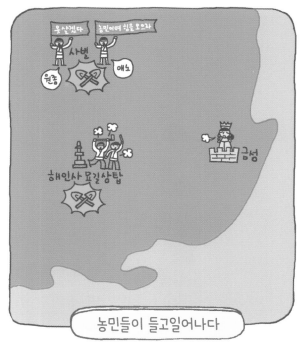

농민들이 들고일어나다

"응……. 높은 사람들이 잘못해서 불쌍한 사람들만 죽었네."

"하지만 여전히 신라에 희망을 가지고 있는 사람들도 있었어. 대
표적인 사람이 바로 해인사에 머물면서 탑을 세우는 과정을 기록한
최치원이야. 당시 당나라에서 벼슬을 하며 자신의 능력을 인정받고
있던 최치원은 결국 장보고가 그랬던 것처럼 신라로 돌아왔어. 당
나라에서 보고 배운 것들을 토대로 해서 신라에서 자신의 뜻을 펼쳐
보이고 싶었을 거야. 하지만 신라에 돌아온 최치원은 별로 환영받
지 못했어. 결국 최치원은 지방으로 밀려났어. 경주보다 훨씬 더 살

기 어려운 지방에서 지내다 보니, 최치원은 백성들의 아픔을 더 생생히 느낄 수 있었지. 최치원은 어지러운 나라를 바로잡을 방법을 열심히 고민했어. 그리고 진성 여왕을 찾아가 나라를 개혁할 수 있는 열 가지 방법을 제안했단다. 이걸 〈시무 10조〉라고 해."

"오! 무슨 내용이었죠? 최치원은 아주 똑똑한 사람이었다니까 확실한 방법들이 담겨 있었겠군요."

왕수재가 고개를 불쑥 내밀며 물었다.

"수재야, 미안. 안타깝게도 그 내용이 전해지지 않아서 어떤 방법들이 들어 있었는지 알 길은 없어. 진성 여왕도 그대로 가면 신라가 위태롭다는 것을 알고 있었기 때문에 최치원

**부산 해운대**
최치원이 부산에 있는 동백섬 일대를 거닐다가 너무 경치가 뛰어나 바위에 '해운'이라고 새겼대. 그래서 이곳을 해운대라고 불러.

의 제안을 받아들이고, 그에게 '아찬'이라는 벼슬을 주어 신라의 개혁에 앞장설 수 있도록 해 주었대. 아찬은 6두품인 최치원이 오를 수 있는 최고의 벼슬자리였지. 하지만 최치원의 개혁안은 결국 물거품이 되고 말았어. 귀족들의 반대가 너무나 심했거든. 귀족들이 펄쩍 뛰며 반대한 걸로 봐서, 아마 최치원의 개혁안에는 신분보다 능력을 중시하는 내용이 담겨 있던 게 아닐까 싶어. 어쨌든 이렇게 개혁이 실패로 돌아가자 크게 실망한 최치원은 벼슬자리를 버리고 전국 각 지역을 떠돌다가 이곳 해인사까지 들어오게 된 거였어."

모두들 조용한 가운데, 계곡물 소리만이 돌돌돌 들려왔다.

"그러던 끝에, 896년에는 지방에서 일어난 농민군이 수도 경주까지 쳐들어온 일도 생겼어. 그때 농민군은 모두 붉은 바지를 입고 있었어. 한마음 한뜻으로 못된 귀족들과 무능력한 왕실에 맞서 싸우려는 뜻이었지!"

용선생이 갑자기 이야기를 하다 말고 주먹을 불끈 쥐었다. 게다가 눈빛까지 전에 없이 이글거리고 있었다.

"가만! 얘들아, 나 지금 막 결심했어."

"네? 뭘요?"

"나도 빨간 바지 입고 교장 선생님에게 당당하게 맞설 거야! 너희들에게 용감한 선생님의 모습을 보여 주고 싶어!"

"네에?"

영심은 '아, 선생님이 빨간 바지를 입으면 얼마나 촌스러울까' 싶
어 저절로 한숨이 나왔다.

"그래서 붉은 바지를 입은 농민군은 결국 신라를 바꾸었나요?"

선애의 질문에 용선생이 얼른 정신을 차렸다.

"응? 아, 아니, 농민군이 신라를 뒤집어엎지는 못했어. 하지만 왕
실과 귀족들은 농민 봉기에 이렇다 할 대응도 제대로 못하고 점점
궁지에 몰리게 됐지. 각지에서 농민들의 봉기가 줄기차게 이어지
는 것은 물론, 나라 안의 분위기는 더욱 뒤숭숭해져 갔어. 신라의
운명이 다했으니 새로운 나라가 세워질 거라는 소문이 나돌고, 신

라의 골품 제도를 무너뜨리고 살기 좋은 세상을 만들겠다고 나서는 사람들이 우르르 생겨났지."

"아, 신라가 무너져 가는구나⋯⋯."

장하다가 아쉽다는 듯 중얼거렸다.

 ## 혼란한 틈을 타 지방에서 힘을 기른 호족들

"이렇게 나라가 혼란스럽다 보니, 왕의 힘이 지방에까지 미치지 못했어. 귀족들도 경주에서 자기들끼리 복작복작 싸우느라, 지방에 눈을 돌릴 틈이 없었지. 그러자 지방에서 힘을 기른 무리들이 나타나기 시작했어. 바로 호족이었지. 호족은 원래 중국에서 처음 생긴 말인데, 우리나라하고 일본에서도 그 말을 받아들여서 지방의 세력가들을 호족이라고 불러."

"어떤 사람이 호족이 되었어요?"

"여러 부류가 있었어. 아마 가장 유리한 건 이전부터 지방의 행정을 담당하고 있던 이들이겠지? 그리고 권력 싸움에서 밀려나 지방에 자리 잡은 귀족들, 또 지역에서 힘을 키운 군인들도 있었지. 장사를 통해 재산을 많이 모아서 힘이 있는 사람도 있었고. 이들은 지방에서 꾸준히 힘을 쌓아 나가는 한편, 힘없는 백성들을 보호해

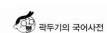

**곽두기의 국어사전**

**호족(豪族)**
재산이 많고 세력이 강함을 뜻하는 '호(豪)'와 '친한 무리'를 뜻하는 '족(族)'이 합쳐진 말이야.

주면서 그들의 마음을 샀어. 골품 제도에 불만이 많던 6두품 출신들을 끌어모으고, 봉기를 일으킨 농민들도 한데 불러 모았지.

이렇게 해서 9세기 말에는 지방 호족들의 세력이 꽤 커졌어. 호족들은 마을에 성을 쌓고 스스로를 성주, 즉 성의 주인이라고 부르거나 장군이라고 부르도록 했어. 이제 농민들은 아무것도 해 주지 않는 왕실 대신 호족들에게 세금을 바치고, 그들의 보호를 받게 됐어. 호족이 다스리는 지역 하나하나가 작은 나라나 마찬가지인 셈이었지."

"백성들이 호족을 아주 잘 따랐나 보죠?"

장하다의 말에 왕수재가 당연하다는 듯 "군사도 있고, 돈도 있는데 왜 안 따랐겠냐?" 했다.

"수재야, 말 한번 잘했다. 하지만 호족들이 군사력과 경제력만으로 백성들을 자기편으로 만들 수 있었던 건 아니야. 더 필요한 게 있지."

"그게 뭔데요?"

"백성들의 마음을 얻어야지. 그러려면 사상이 필요해. 호족들은 먼저 불교를 통해 백성들의 마음을 얻었어. 특히 이 시기에는 '선종'이라고 하는 불교의 한 종파가 유행하고 있었어. 그 이전까지 신라의 불교는 '교종' 중심이었지. 교종은 불교 경전을 통해 깨달음에 이르는 종파였거든. 그런데 선종은 경전이 아니라 명상을 통해서 깨달음에 이를 수 있다고 했어. 책을 읽지 않고도 불교의 가르침을 얻을 수 있다는 거야."

"아 그거 나한테 잘 맞을 것 같아요."

책이라면 일단 거리를 두는 장하다가 말했다.

"그래, 당시 호족들도 하다처럼 책 읽기랑 친하지 않은 사람들이 많았던 것 같아. 중앙의 귀족들이야

**화순 쌍봉사 철감 선사 승탑** 승탑은 승려들의 사리를 보관하는 탑이야. 원래 탑은 부처님을 상징하는 건데, 승탑을 만든 것은 깨달음을 얻은 고승들이 부처님처럼 높이 받들어졌다는 걸 뜻해. 신라 말 선종이 유행하면서 많은 승탑이 만들어졌어. 이 승탑은 전라남도 화순군 쌍봉사에 있는 철감 선사 승탑인데, 곁에 새겨진 조각들이 아주 아름답다고 평가받고 있어. 높이 1.4m, 국보.

통일 신라 다기(찻 그릇) 찻물을 끓이는 주전자(탕관)와 끓인 찻물을 부어 식히는 대접이야. 대접에는 언(言), 정(貞), 다(茶)라는 글씨가 쓰여 있어. 선종이 유행하면서 차를 마시는 문화도 유행하게 되었던 것 같아.

편하게 살면서 책 읽을 시간도 있지만, 지방에서 사는 사람들은 책을 구하는 것 자체도 힘들고. 또 세련된 교육을 받을 기회가 많지 않으니 아무래도 교종보다 선종과 잘 맞았겠지? 그래서 호족들은 선종의 가르침을 전하는 승려나 절을 돕기 시작했어. 백성들은 유명한 스님이 우리 마을의 호족과 친하다고 하면 이 호족이 대단한 사람이구나 싶었을 거야. 더구나 명상을 통해서 깨달음을 얻을 수 있고, 나아가 부처까지 될 수 있다고 하니, 호족들 입장에서 잘 생각해 보면 '왕이 될 사람이 꼭 정해져 있는 게 아니다'라는 뜻으로 들릴 수도 있거든. 이 시대에는 왕과 부처를 같은 자리에 놓고 생각했으니, '호족인 나도 열심히 하면 부처가 될 수 있다, 그렇다면 곧 왕도 될 수 있는 것이다'라고 말이야."

"오, 그럴듯한데요?"

수재가 고개를 주억거렸다.

"또 호족들은 '풍수지리설'을 믿었어. 풍수지리설은 산이나 강의 지형 등이 사람의 삶에 큰 영향을 미친다는 이론이야. '명당 자리'라는 말 들어 본 적 있지? 명당이라는 말은 풍수지리설에서 나오는 말인데, 한 마디로 살기 좋은 곳이라는 거지. 명당은 몇 가지 조건이 있어. 산이 겹겹이 쌓여 있고, 근처에 물도 흐르고. 옛날에는 추운 겨울을 어떻게 나느냐가 중요한 문제였기 때문에 바람이 많이 부는 허허벌판에 집을 짓는 것보다 산에 포근하게 둘러싸인 곳을 선호했지. 그리고 사람이 살려면 당연히 물이 필요하니 근처에 물이 흘러야 하고. 이런 명당에 집이든 궁궐이든 지어야 한다는 거지. 그런데 이런 이야기는 신라 왕실을 흔들수 있는 이야기였어."

"왜요? 좋은 데 집이나 궁궐을 지어야 한다는 건 당연하게 들리는데."

"그런 명당에서 왕이 될 사람이 태어난다는 건 어떻니?"

"궁궐을 지으면 당연히 왕이 산다는 거고.

도선(827~898) 풍수지리의 대가야. 15세에 지리산 화엄사에 들어가 승려가 되었고, 중국에 가서 풍수지리를 공부하고 돌아와서 도갑사를 세웠어. 그 후 전국을 돌아다니면서 풍수지리설을 집대성했어.

그러면 다음 왕이 될 사람도 태어나고. 뭐가 문제가 되는 거예요?"

"생각해 보렴. 신라는 수백 년 동안 경주에서 수도를 옮긴 적이 없어. 당연히 왕들도 경주에서 태어난 사람들이고. 그런데 우리나라에 명당이 몇 군데나 있을까? 우리나라는 산이 많고, 전국에 강이 흐르니 생각하기에 따라서는 수십 군데나 그 이상이 있을 수도 있지. 대표적으로 개성이나 서울도 모두 손꼽히는 명당이야. 그러니 왕이 꼭 경주에서 태어나라는 법은 없다, 지방에서 태어난 사람도 왕이 될 수 있고, 경주 외에 다른 지역이 나라의 중심이 될 수도 있다 그러면……."

"헉! 그러면 신라 말고 다른 나라를 세워도 된다는 말이잖아요."

눈치 빠른 나선애가 결론을 먼저 말하자, 용선생이 빙그레 웃었다.

"그래, 그러니 지방의 호족들에게는 정말 딱 좋은 이야기 아니겠니? 물론 신라 왕실에서는 노발대발할 이야기고. 호족들은 이런 사상들을 이용해서 백성들의 마음을 얻으려고 했던 거야. 그렇게 새로운 시대의 주인공이 되고 싶었던 거지."

설명을 마친 용선생이 손을 탁탁 털며 아이들을 둘러보았다.

"자, 오늘은 여기까지 하자. 다음 시간에는 호족들끼리 서로 경쟁을 하며 후삼국 시대가 활짝 열릴 거야."

아이들이 하나둘 몸을 비틀며 일어섰다. 시계를 본 용선생이 갑자기 서둘렀다.

"엉? 벌써 시간이 이렇게 됐네? 어서 돌아가자. 가는 길에 시장에 들러서 빨간 바지도 하나 사고!"

용선생과 아이들은 해인사를 뒤로하고 서둘러 산길을 내려왔다.

같은 날 늦은 오후, 빨간 바지를 입은 용선생이 위풍당당하게 운동장을 가로질렀다. 아이들은 뒤에서 그 모습을 바라보고 있었다.

"선생님이 집에 가랬잖아. 안 갈래?"

왕수재가 말했지만, 아무도 자리를 뜨지 않았다.

"선생님이 정말 '교사 봉기'에 성공할 수 있을까?"

허영심이 걱정스러운 목소리로 말했다.

바로 그때 저만치에서 교장 선생님이 다가왔다. 교무실 창문으로 용선생을 보고 내려온 모양이었다. 아이들은 재빨리 교문 뒤로 몸을 숨겼다. 흠칫 놀란 용선생이 그 자리에 우뚝 멈춰 섰다. 교장 선생님도 용선생을 보고 깜짝 놀라 소리쳤다.

"아니, 용선생님! 또 말도 없이 아이들 데리고 나갔다 온 것도 모자라, 이번엔 빨간 바지입니까? 교사가 단정치 못하게 새빨간 바지가 웬 말이에요? 용선생님이 무슨 연예인이라도 된답니까?"

아이들은 숨을 죽인 채 속으로 '선생님, 힘내세요!' 하고 외쳤다. 아이들의 응원을 듣기라도 한 듯, 용선생이 고개를 번쩍 쳐들었다. 아이들은 동시에 침을 꿀꺽 삼켰다.

그러나 용선생은 배시시 웃으며 더듬더듬 말했다.

"예, 예쁘지 않나요? 저기, 교장 선생님 드리려고 노란 바지도 샀는데, 싫으시면…… 파란색으로 바꿔 올까요?"

아이들의 어깨가 한꺼번에 아래로 툭 떨어졌다.

"그러면 그렇지. 봉기는 뭐 아무나 하나?"

나선애가 그럴 줄 알았다는 듯 어깨를 으쓱했다.

그럼
4권에서
계속!

# 나선애의 정리노트

## 1. 농민들이 들고일어난 이유!

→

| 귀족들의<br>왕위 다툼으로<br>왕권이 약해짐 | 왕권이 약해지자<br>귀족들이 세금을<br>많이 거두거나<br>땅을 빼앗음 | 농민들이<br>고향을<br>떠나거나<br>도적이 됨 | 나라에서 세금을<br>또 내라고 강요하자<br>농민들의 분노가<br>폭발함 |

## 2. 신라 말의 대표적인 농민 봉기

- 889년 원종과 애노의 난
- 896년 붉은 바지 농민군

## 3. 호족이 나타나다

| | |
|---|---|
| 호족이란? | 지방의 세력가들(지방을 직접 다스리던 사람들,<br>군인 출신, 장사로 부를 쌓은 사람 등) |
| 누가 지지했나? | 골품 제도에 불만이 많던 6두품 출신, 힘없는 농민들 |
| 호족들이 지지한 사상 | 선종(책을 읽지 않아도 부처가 될 수 있다)<br>풍수지리설(경주 외에도 명당은 많다) |

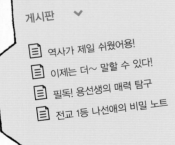
# 세 명의 최씨, 엇갈린 운명

신라의 6두품 중에는 똑똑한 사람들이 많았어. 이들 중 최치원, 최언위, 최승우는 당나라에서 실시한 빈공과에 합격했는데, 이들을 합쳐서 '3최'라고 부르기도 했단다.

이들은 당나라에 유학을 갔다가 혼란스러운 신라를 개혁하기 위해 돌아왔지만, 여전히 진골의 들러리일 수밖에 없는 6두품이었지. 이런 상황에서 세 사람은 서로 다른 길을 걷게 된단다.

먼저 최치원을 보자. 당나라에서 촉망을 받던 최치원이 돌아온 것은 오로지 신라를 살리고자 하는 마음 때문이었어.

심혈을 기울여 만든 개혁안이 거절당하자 벼슬을 버렸지만, 그래도 최치원은 끝내 신라를 놓을 수 없었던 것 같아. 아예 다른 나라를 세우려는 호족과 손을 잡지 않고 가야산 등 산천을 떠돌다가 세상을 떠났으니 말이야. 정확히 언제 죽었는

**보령 성주사지 낭혜 화상탑비**
승려 무염(낭혜 화상)을 위해 만든 비석으로 최치원이 글을 지었어. 높이 2.63m, 국보.

지도 알 수가 없어. 전해 오는 이야기에 따르면 말년에 신선
이 되어 하늘로 올라갔고, 떠난 자리에는 벗어 놓은 신발만
이 덩그러니 남아 있었다고 하는구나.

반면 최승우는 새롭게 일어난 호족과 손을 잡았지. 당나라
에서 귀국한 최승우는 신라에 희망이 없다고 생각하고 후
백제를 세운 견훤에게로 갔어. 그리고 견훤의 정치적 스승
이 되었지.

최언위는 어땠을까? 최언위는 최치원의 사촌 동생이었어.
그는 42살 때 당나라에서 귀국해서 신라의 벼슬을 받았어.
그리고 신라가 망할 때까지 신라를 위해 일했지. 그러다 신
라의 경순왕이 고려에 항복할 때 함께 송악으로 가서 고려
의 신하가 되었어. 학문이 높았던 최언위는 고려 태조 때
승려들의 비문을 모두 지을 정도로 최고의 문장가로 인정
을 받았어.

 **COMMENTS**

장하다 : 아니, 이건 스포일러잖아요! 후백제는 뭐고, 신라가 망하는 건 또
뭐예요!

ㄴ 왕수재 : 역사에 스포일러가 어딨냐? 궁금하면 4권을 펼쳐 보던지!

# 한국사 퀴즈 달인을 찾아라!

## 01 ★☆☆☆☆

해인사 묘길상탑에서 누가 쓴 글이 발견되었을까? (          )

① 최언위   ② 최치원   ③ 최승우   ④ 왕수재

## 02 ★★☆☆☆

진성 여왕 때, 나라에서 무리하게 세금을 걷으려 하자 농민들은 사벌주에서 봉기를 일으켰어. 신라 말 농민 봉기의 시작을 알린 이 사건을 뭐라고 부르지? (          )

① 원종과 애노의 난   ② 황소의 난
③ 장보고의 난          ④ 망이 · 망소이의 난

## 03 ★★☆☆☆

무너져 가는 신라를 개혁하고자 했던 최치원은 진성 여왕을 찾아가 개혁안을 올렸어. 지금은 내용이 전해져 오고 있지 않지만, 진성 여왕은 개혁안의 내용에 감탄하며 최치원에게 벼슬을 줬지. 이 개혁안의 이름은 뭘까? (          )

① 〈시무 9조〉          ② 〈시무 10조〉          ③ 〈시무 11조〉          ④ 〈시무 12조〉

## 04 ★★★☆☆

신라 말기 호족들이 모여서 대화를 나누고 있어. 그런데 한 사람은 엉뚱한 소리를 하고 있네. 누군지 찾을 수 있겠지? (          )

① 나는 지방의 행정을 맡고 있었어. 지금까지는 자기들만 잘난 줄 아는 경주 귀족들 때문에 기죽어서 살았어. 하지만 드디어 내 세력을 펼칠 때가 되었다! 경주도 이젠 땅의 기운이 다했다고!

② 맞아, 맞아! 나는 이런 날이 올 줄 알고, 경주 귀족들이 바보같이 편 갈라서 싸우는 동안 돈을 많이 벌어 놨지. 이 돈으로 사람들의 환심을 사서, 더더욱 세력을 키울 거야.

③ 이봐! 돈도 중요하지만, 사람들이 더 이상 불안에 떨지 않게 성을 쌓고 지켜 주는 것이 더욱 중요하다고. 성주 노릇을 하려면 군사력이 있어야지!

④ 그래 다 중요하지만, 당신들 모두 잊고 있는 게 있어. 사람들의 마음을 얻으려면 자고로 종교가 최고지. 나는 경주 귀족들이 믿는 선종 대신 교종을 내세워서 사람들의 환심을 살 거야.

## 05 ★★★★★

왕수재가 풍수지리설에 대해 이야기하고 있어. 이 풍수지리설이 유행한 시기에 있었던 일로 옳지 않은 것은 무엇일까? (          )

> 풍수지리설은 산이나 강 같은 자연 지형이 사람의 삶에 큰 영향을 미친다는 이론이야. 명당이라는 말이 이 풍수지리설에서 나온 말이지. 통일 신라의 도선이 중국에서 풍수지리를 공부하고 돌아와 풍수지리설을 알렸어.

① 최치원이 진성 여왕에게 〈시무 10조〉를 제안했다.

② 지방 호족들이 선종의 가르침을 전하는 승려나 절을 도왔다.

③ 노비들이 앞장서서 봉기를 일으켰다.

④ 많은 농민들이 지나친 세금을 감당하지 못해 노비나 도적이 되어 버렸다.

• 정답은 259쪽에서 확인하세요!

떠나 볼까?

용선생 현장 강의

# 초록빛 넘실대는
# 장흥과 보성에 가다

전라남도 장흥과 보성은 북쪽에 산들이 솟아 있고 남쪽으로는 바다가
펼쳐져 있어 다채로운 자연 환경을 볼 수 있는 곳이야. 장흥과 보성에
는 어떤 명소가 있는지 함께 떠나 볼까?

## 보림사

통일 신라 말에 세워진 장흥 보림사에 갔어. 보림사
대적광전에 있는 철조 비로자나불 좌상이 눈길을
끌었지. 신라 말부터 고려 초에는 철로 불상을 만드는 것이
유행했는데, 이 불상도 그때 만들어졌대. 철로 만들어서
그런지 투박한 얼굴이 참 개성있는 느낌이었어.

**보림사 철조 비로자나불 좌상**
858년에 만들어졌어. 불상은 왼쪽 검지를 오른손이 감싸고
있는데, 비로자나불의 전형적인 손 모양이야. 높이 2.5m. 국보.

**보림사** 대적광전 앞에 있는 2개의 3층 석탑과 그 사이에 있는 석등이
통일 신라 시대의 양식을 잘 보여 줘.

편백나무 숲길   편백나무 숲을 산책하며 자연의 소리에 귀 기울여 봐!

## 정남진 편백숲 우드랜드

옛 봉수대가 있었다는 억불산에는 47만 그루의 편백나무 숲이 조성돼 있어.
편백나무에서 좋은 향기가 뿜어져 나와서 그런지 상쾌하더라고. 숨을 크게
들이마셨더니 몸과 마음이 깨끗해지는 기분이 들었어!

## 해동사

해동사는 우리나라에서 안중근
의사를 모시는 유일한 사당이야.
안중근 의사의 후손이 국내에 없어 제사를
지내지 못한다는 것을 안타깝게 여긴 장흥
사람들이 1955년에 사당을 세웠대. 우리는
나라의 독립을 위해 힘쓴 안중근 의사에게
감사의 마음을 담아 묵념했어.

안중근 의사의 영정과 위패   3월 26일은 안중근 의사가
서거한 날이야. 이날 해동사를 방문하면 안중근 의사를
추모하는 제사를 볼 수 있어.

신비로운 모습의 천관산 천관산은 가을에는 억새꽃으로 은빛 물결이 일렁이고, 겨울이면 동백꽃으로 붉게 물들어.

천관산

독특한 모양의 바위들이 우뚝 솟아 있는 천관산에 왔어. 백제 때부터 국가의 제사를 지내던 곳이라고 해. 천관산의 사자 바위, 부처 바위 등 특이한 모양의 바위들이 하늘을 찌르는 것 같지 않니? 산 정상에 올라 남해 바다와 섬들을 바라보니, 감동이 밀려왔어.

장흥의 특산물은 한우와 표고버섯, 그리고 키조개야. 특히 표고버섯은 《세종실록》에 장흥의 특산물로 실릴 정도로 예부터 유명했지. 우리는 뜨거운 불판에 한우와 표고버섯, 키조개 관자를 구워 한꺼번에 입에 넣었어! 입안에서 산과 바다, 들판이 펼쳐지는데 우아, 정말 놀라운 맛이었어!

표고버섯

키조개 관자

## 보성 녹차 밭

차나무는 따뜻하고 습한 지역에서 잘 자라지. 보성은 차나무가 자라는 데 안성맞춤인 곳이야. 조선 시대의 여러 문헌에도 등장할 만큼, 예로부터 차나무 재배지로 이름난 곳이었어. 우리는 보성 녹차 관광 공원에 가 보았어. 눈앞에 온통 푸르른 녹차 밭이 펼쳐졌지. "야호~!" 나도 모르게 두 팔 벌려 소리쳤어.

보성 벌교읍의 꼬막은 조선 시대 왕의 수라상에 올라가는 귀한 음식이었어. 꼬막은 짭조름하면서도 씹으면 씹을수록 달달한 맛이 나와. 겨울철이 제철이지. 쌀밥 위에 꼬막 무침을 올려 먹으면 밥 한 그릇은 뚝딱이야.

꼬막 무침

교과서에 나오는 **한국사-세계사 연표**

## 한국사

| | | |
|---|---|---|
| | **682년** | 신문왕이 국학을 세우다 |
| | **685년** | 9주 5소경이 정비되다 |
| | **689년** | 신문왕이 녹읍을 폐지하다 |
| | **698년** | 대조영이 발해를 건국하다 |
| 700년 | **722년** | 성덕왕이 정전을 지급하다 |
| | **723년** | 혜초가 《왕오천축국전》을 쓰다 |
| | **732년** | 발해가 당나라를 공격하다 |
| | **751년** | 불국사와 석굴암 공사를 시작하다 |
| | **756년** | 발해 문왕이 수도를 옮기다 |
| | **757년** | 신라에서 다시 녹읍을 시행하다 |
| | **774년** | 석굴암을 완성하다 |
| | **788년** | 원성왕이 독서삼품과를 실시하다 |
| 800년 | **802년** | 신라에서 해인사가 창건되다 |
| | **822년** | 김헌창이 반란을 일으키다 |
| | **828년** | 장보고가 청해진을 세우다 |
| | **839년** | 장보고의 도움을 받아 김우징이 왕위에 오르다 |
| | **846년** | 장보고가 암살당하다 |
| | **889년** | 농민 원종과 애노가 반란을 일으키다 |
| | **894년** | 최치원이 〈시무 10조〉를 올리다 |
| | **896년** | 붉은 바지 농민군이 경주까지 쳐들어오다 |
| 900년 | **900년** | 견훤이 후백제를 세우다 |
| | **901년** | 궁예가 후고구려를 세우다 |
| | **918년** | 왕건이 왕위에 오르다 |
| | **926년** | 발해가 멸망하다 |
| | **934년** | 왕건이 발해의 유민을 받아들이다 |
| | **935년** | 신라 경순왕이 왕건에게 항복하다 |
| | **936년** | 고려가 후삼국을 통일하다 |

감은사지 동삼층
석탑 사리장엄구

석굴암 본존불

다보탑

성덕 대왕 신종

서역에서 온
유리그릇

월지에서
발견된 주사위

발해의
이불 병좌상

《무구 정광 대다라니경》

# 세계사

| 700년 | **710년** | 일본이 나라로 수도를 옮기다 |
| | **726년** | 동로마 황제가 성상 숭배를 금지시키다 |
| | **750년** | 아바스 왕조가 세워지다 |
| | **750년경** | 폴리네시아 제도의 마오리족이 지금의 뉴질랜드로 건너가기 시작하다 |
| | **751년경** | 종이 만드는 기술이 이슬람 지역에 전해지다 |
| | **755년** | 안록산의 반란으로 당나라가 흔들리기 시작하다 |
| | **771년** | 카롤루스 대제가 프랑크 왕국을 통일하다 |
| | **794년** | 일본 간무 천황이 수도를 헤이안(지금의 교토)으로 옮기다 |
| 800년 | **800년** | 카롤루스가 서로마 제국의 황제가 되다 |
| | **829년경** | 잉글랜드 왕국이 세워지다 |
| | **843년** | 프랑크 왕국이 셋으로 갈라지다 |
| | **870년** | 메르센 조약으로 오늘날 프랑스·이탈리아·독일의 기초가 마련되다 |
| | **875년** | 황소의 난이 일어나다 |
| | **890년** | 동남아시아의 크메르 제국이 앙코르를 수도로 삼다 |
| 900년 | **900년경** | 이슬람 상인들이 아프리카 가나 왕국에서 살기 시작하다 |
| | **907년** | 당나라가 멸망하고 5대 10국 시대가 열리다 |
| | **911년** | 노르만족이 지금의 프랑스 북부에 노르망디 공국을 세우다 |
| | **916년** | 야율아보기가 거란족을 통합하다 |
| | **939년** | 베트남이 중국의 지배에서 벗어나다 |
| | **947년** | 거란이 나라 이름을 '요'로 고치다 |
| | **960년** | 송나라가 건국되다 |
| | **962년** | 오토 1세가 고대 로마 제국 계승을 표방한 신성 로마 제국을 건국하다 |
| | **979년** | 송나라가 중국을 통일하다 |
| | **987년** | 프랑스에서 카페 왕조가 시작되다 |

동로마 황제 레오 3세의 얼굴이 새겨진 주화

프랑크 왕국을 분할하는 모습

중국을 통일한 송나라 태조 조광윤

# 찾아보기

## ㄱ

간쑤성 183
감은사 80~82, 131
거란 16, 183~185, 195~197, 200~201
걸걸중상 185~186
걸사비우 185~186
검모잠 63
견훤 245
경덕왕 84, 112~113, 152
경문왕 229
경순왕 245
경주 66, 76~77, 79, 85~86, 91, 93~96, 98, 105, 112, 130~133, 144, 154, 164, 195, 230~231, 233, 235, 240
계림 도독부 64
계백 12, 51~56
고려 185, 201, 207~209, 219~220, 245, 248
고연무 63
골품 제도 235~236
관료전 87
관창 55
괘릉 무인상 95
교종 237~238
9주 5소경 86
국학 85
금입택 224
기벌포 65~66
김대성 112~115
김우징 164
김원술 70
김유신 44~45, 47~48, 52, 70, 78, 82, 130, 152
김주원 152~153
김춘추 44~45, 47~51, 63
김품석 46
김헌창 153~154
김흠돌 84

## ㄴ

나당 동맹 51, 63
나당 연합군 53, 56~58, 61~62
남건 59~60, 62
남산 59~60, 130~131
남생 59~61
내물왕 152
녹읍 86~88

## ㄷ

다보탑 126~127, 220
당 태종 50, 60
당나라 14, 27~34, 36, 45, 50~52, 57~68, 70, 78, 107~109, 111, 143~148, 150~151, 155~158, 161~162, 174, 182~187, 189~194, 197~200, 205, 212, 221, 223~224, 231, 244~245
대릉원 77
대문예 190, 192
대야성 46~47
대왕암 79~80, 131
대웅전 126, 129
대조영 182~183, 185~187, 189~190
도선 239
돌궐 16, 189
동궁 98
동모산 185, 187~188, 197

## ㄹ

로마 92~93

## ㅁ

만파식적 81, 83
말갈 16, 183, 185~186, 188~190, 197, 202
매소성 65~66, 70~71
묘길상탑 220~221, 231
《무구 정광 대다라니경》 128, 132

## ㅁ (무)

무왕 45, 189~190, 192
문무 대왕릉 79, 131
문무왕 62, 70, 78~82, 98, 131
문성왕 165
문왕 189, 192~196, 199, 205, 212~213

## ㅂ

발해 석등 193
백강 58
백운교 124~125
법화원 159, 161~162
보장왕 29~30, 49, 62~63
복신 57
본존불 119~123, 131
부여풍 57~58
불국사 95, 112~115, 117~118, 123~124, 126~127, 131~133, 220
불국사 삼층 석탑(석가탑) 127~129, 132, 220
빈공과 146, 197~198, 244

## ㅅ

삼국 통일 44~45, 47~48, 63, 66~68, 78~79, 98, 130, 143, 152
사비성 52, 56~57
상경성 192~193
상경 용천부 193~195, 197~200
서역 92~96, 143, 170, 224
석굴암 95, 105, 112~118, 120, 122~124, 131, 133, 136~137
선덕 여왕 47, 49, 51, 130
선왕 196~197, 200
선종 237~238
성덕왕 84, 89, 112
소경 86
손순 225~228
송악 245
수막새 205~207

〈시무 10조〉 232
신라방 144, 157~159, 162
신라 3최 244
신라소 144
신라원 144
신라 촌락 문서 89
신무왕 165
신문왕 79~89, 131

ⓞ

안동 도호부 64
안승 63
안압지 83, 98~99
안중근 249
애노 229~230
양쯔강 183
업 114~115
엔닌 161~162
연개소문 13~14, 28~30, 36, 49, 58~59
연해주(프리모르스키주) 196, 202, 205
연화교 124~125
염장 166
영주 183~185, 196
완도 143, 147, 149, 155~156, 163, 174~177, 222
《왕오천축국전》 145~146
왜 57~58, 79
요동(랴오둥) 17, 185, 196
웅진 도독부 64
웅진성 57
원성왕 95, 152~153
원종 229~230
원효 106~112
월성 99, 130
월지 83, 98~99, 130
유학(유교) 193, 197, 213
6두품 171, 233, 236, 244
윤선도 175~176
의상 107~109, 111~112, 146

의자왕 45~46, 52, 57~58
이진충 183
인도 92, 115~116, 145~146, 158
일주문 220

ⓩ

장문휴 191
장보고 142~143, 147~151, 154~158, 160~168, 174~175, 231
정전 90
정혜 공주 199, 205, 212~213
정효 공주 204~205, 208, 212~213
중계 무역 157~158
지은 225, 227~228
진골 151~152, 223, 244
진국 187
진성 여왕 229~230, 232
쪽구들 205~206

ⓒ

처용 170~171
천리장성 28~29
청운교 124~125
청해진 155~156, 158, 161, 163~164, 167
촌주 89
최승우 244~245
최언위 244~245
최치원 146~147, 221~222, 231~233, 244~245
측천무후 184~185
칠보교 124~125

ⓣ

태종 무열왕 47~48, 52, 62, 78, 152
토함산 104~105, 115, 117
〈토황소격문〉 147

ⓟ

《팔만대장경》 219~220
페르시아 92, 95
포차 31
풍수지리설 239

ⓗ

해동성국 198~199
해동증자 46
해운대 232
해인사 218~222, 231, 233, 241
헤이룽강 196
혜공왕 152
혜초 145~146
호족 235~240, 244~245
화랑 55, 228
황산벌 52, 54
후삼국 240
흑수말갈 190
흥덕왕 155

# 참고문헌

## 도록

《겨레와 함께 한 쌀》, 국립중앙박물관, 2000

《경주 길라잡이》, 국립경주박물관, 2000

《경주박물관이야기》, 국립경주박물관, 2000

《경주이야기》, 국립경주박물관, 1997

《고고관》, 국립경주박물관, 2002

《관음보살과 정병》, 국립경주박물관, 2009

《국립경주박물관 명품100선》, 국립경주박물관, 2007

《국립경주박물관》, 국립경주박물관, 2010

《국립공주박물관》, 국립공주박물관, 2010

《국립광주박물관》, 국립광주박물관, 2010

《국립김해박물관》, 국립김해박물관, 1998

《국립민속박물관》, 국립민속박물관, 1997

《국립부여박물관》, 국립부여박물관, 1997

《국립중앙박물관 100선》, 국립중앙박물관, 2006

《국립중앙박물관》, 국립중앙박물관, 2000

《문자로 본 신라》, 국립경주박물관, 2002

《미술관》, 국립경주박물관, 2002

《발해의 유적과 유물》, 서울대학교출판부, 2002

《북한의 문화재와 문화 유적》, 서울대학교출판부, 2002

《석굴암 백년의 빛》, 동국대학교출판부, 2009

《신라 서아시아를 만나다》, 국립경주박물관, 2008

《신라 숨결 1천년 발굴조사 32년》, 국립경주문화재연구소, 2007

《신라왕경》, 국립문화재연구소, 2001

《안압지관》, 국립경주박물관, 2002

《오구라 컬렉션 한국문화재》, 국립문화재연구소, 2005

《조선유적유물도감》, 조선유적유물도감편찬위원회, 1988-1996

《통일신라》, 국립중앙박물관, 2003

《해동성국 발해》, 서울대학교출판부, 2002

## 교과서

초등학교 5학년 2학기 《사회》, 2015

초등학교 5학년 2학기 《사회》, 2019

초등학교 6학년 1학기 《사회》, 2016

초등학교 《사회과부도》, 2019

주진오 외, 《중학교 역사(상)》, 천재교육, 2016

주진오 외, 《고등학교 한국사》, 천재교육, 2016

한철호 외, 《고등학교 한국사》, 미래엔컬처그룹, 2016

## 책

강윤봉, 《혜초의 대여행기 왕오천축국전》, 두레아이들, 2002

강종훈, 《아! 그렇구나 우리 역사 04 백제》, 여유당출판사, 2005

고든 차일드, 《사회고고학》, 사회평론, 2009

곽동석 외, 《불국사》, 대원사, 2010

국립경주박물관, 《성덕대왕신종》, 통천문화사, 1999

국립문화재연구소, 《2008 한국고고학저널》, 주류성, 2009

국립중앙박물관, 《즐거운 역사 체험 어린이박물관》, 웅진주니어, 2005

김경표, 《발해건축사론》, 기문당, 2010

김기흥, 《천년의 왕국 신라》, 창비, 2000

김대식, 《경주남산》, 미술문화, 1999

김병모, 《역사 도시 경주》, 열화당, 1984

김부식, 《삼국사기》, 한길사, 1998

김상현, 《불국사》, 대원사, 1992

김종복, 《발해정치 외교사》, 일지사, 2009

김주식, 《장보고시대》, 신서원, 2001

김한용, 《석굴암》, 눈빛, 1999

김현희 외, 《통일신라·발해》, 국립중앙박물관, 2005

김환대, 《경주 남산》, 한국학술정보, 2010

나희라, 《아! 그렇구나 우리 역사 05 신라·가야》, 여유당출판사, 2005

류희경, 《우리 옷 이천 년》, 미술문화, 2008

박창범, 《하늘에 새긴 우리역사》, 김영사, 2002

박천수, 《고대 한일교섭사》, 사회평론, 2007

박흥국, 《신라의 마음 경주 남산》, 한길아트, 2002

서의식 외, 《뿌리 깊은 한국사 샘이 깊은 이야기 02 통일신라 · 발해》, 솔, 2002

성낙주, 《석굴암 그 이념과 미학》, 개마고원, 1999

송기호, 《동아시아의 역사분쟁》, 솔, 2007

송기호, 《발해를 다시 본다》, 주류성, 2008

송기호, 《발해를 왜 해동성국이라고 했나요?》, 다섯수레, 2010

시안 존스, 《민족주의와 고고학》, 사회평론, 2008

신영훈, 《불국사》, 조선일보사, 2004

신영훈, 《석굴암》, 조선일보사, 2003

아틀라스 한국사 편찬위원회, 《아틀라스 한국사》, 사계절출판사, 2004

안휘준, 《청출어람의 한국미술》, 사회평론, 2010

여호규, 《아! 그렇구나 우리 역사 03 고구려》, 여유당출판사, 2005

역사비평 편집위원회, 《논쟁으로 읽는 한국사 1》, 역사비평사, 2009

역사비평 편집위원회, 《역사용어 바로쓰기》, 역사비평사, 2006

역사신문편찬위원회, 《역사신문 1》, 사계절출판사, 1995

유득공, 《발해고》, 서해문집, 2006

윤경렬, 《경주 남산(둘)》, 대원사, 2003

윤경렬, 《경주 남산(하나)》, 대원사, 2003

윤명철, 《장보고시대의 해양활동과 동아지중해》, 학연문화사, 2002

이도흠, 《신라인의 마음으로 삼국유사를 읽는다》, 푸른역사, 2000

이선복, 《고고학 이야기》, 뿌리와이파리, 2005

이승미, 《천년의 황금도시, 경주》, 북촌미술관, 2006

이종욱, 《민족인가, 국가인가?》, 소나무, 2006

이희준, 《신라고고학연구》, 사회평론, 2007

일연, 《삼국유사》, 을유문화사, 1994

임용한, 《난세에 길을 찾다》, 시공사, 2009

임용한, 《전쟁과 역사: 삼국편》, 혜안, 2001

자현, 《불교의 가람배치와 불국사에 대한 재조명》, 한국학술정보, 2009

전국역사교사모임 외, 《마주 보는 한일사 1》, 사계절출판사, 2006

전국역사교사모임, 《살아있는 한국사 교과서 1》, 휴머니스트, 2012

전덕재, 《신라 왕경의 역사》, 새문사, 2009

전덕재, 《한국고대사회경제사》, 태학사, 2006

전용신, 《일본서기》, 일지사, 2002

조유전, 《발굴 이야기》, 대원사, 1996

지상현, 《한국인의 마음》, 사회평론, 2011

진정환 외, 《석조미술》, 국립중앙박물관, 2006

최선주 외, 《불교조각》, 국립중앙박물관, 2007

최응천 외, 《금속공예》, 국립중앙박물관, 2007

최형철, 《박물관 속의 한국사》, 휴머니스트, 2007

한국고고학회, 《한국 고고학 60년》, 사회평론, 2008

한국고고학회, 《한국 고고학 강의》, 사회평론, 2010

한국사연구회, 《새로운 한국사 길잡이 上》, 지식산업사, 2008

한국사특강편찬위원회, 《한국사특강》, 서울대학교출판부, 2008

한국생활사박물관 편찬위원회, 《한국생활사박물관 05 신라생활관》, 사계절출판사, 2001

한국생활사박물관 편찬위원회, 《한국생활사박물관 06 발해 · 가야생활관》, 사계절출판사, 2002

한국역사연구회 고대사 분과, 《고대로부터의 통신》, 푸른역사, 2004

한국역사연구회, 《삼국시대 사람들은 어떻게 살았을까》, 청년사, 2005

한영우, 《다시 찾는 우리역사 1》, 경세원, 2010

혜초, 《혜초의 왕오천축국전 1》, 학고재, 2008

혜초, 《혜초의 왕오천축국전 2》, 학고재, 2008

황수영, 《불국사와 석굴암》, 세종대왕기념사업회, 2000

# 사진 제공

11 고구려 백암성의 치(시몽포토) / 21 을지문덕(연합뉴스) / 26 살수 대첩(독립기념관) / 27 대운하(시몽포토) / 39 단양 온달 산성(북앤포토) / 43 태종 무열왕릉비(북앤포토) / 55 신라의 투구와 창(국립경주박물관) / 57 정림사지 오층 석탑(시몽포토), 대당평백제국비(북앤포토) / 68 계유명 전씨 아미타불비상(국립청주박물관) / 71 매소성 전투 기록화(전쟁기념관) / 74 감은사지(사계절 출판사) / 77 경주 대릉원(IR 스튜디오-한국관광공사) / 79 경주 문무 대왕릉(vatar/편성재) / 80 감은사지 동 삼층 석탑 사리장엄구(국립중앙박물관) / 81 녹유골호와 석제함(국립중앙박물관) / 83 금동 주악천인상(국립경주박물관) / 85 경주 향교(경주시) / 89 신라 촌락 문서(쇼소인) / 93 황금 보검 · 상감 유리구슬 목걸이(국립경주박물관), 신라 먹 · 숟가락(쇼소인) / 95 세계 지도 속의 신라(박진호), 괘릉 무인상(국립경주박물관) / 96 문관 토용(국립경주박물관) / 98 월지(국립경주박물관) / 99 월지에서 발견된 가위 · 월지에서 발견된 주사위(복제품)(국립경주박물관) / 103 석굴암의 본존불(시몽포토) / 105 토함산 일출(국제뉴스) / 107 원효(북앤포토), 의상(시몽포토) / 108 원효의 일대기를 그린 두루마리 그림(연합뉴스) / 109 의상의 일대기를 그린 두루마리 그림(일본 교토 고잔지) / 111 낙산사 홍련암(북앤포토) / 112 성덕 대왕 신종(시몽포토) / 115 하늘에서 본 석굴암(경주시) / 116 아잔타 석굴(유로포토) / 117 석굴암(타임스페이스) / 120~121 십일면 관음 보살상 · 팔부신중상 · 사천왕상 · 인왕상 · 십대 제자상(불교문화재연구소) / 122 석굴암 천장(경주시) / 125 불국사 청운교와 백운교 · 불국사 연화교와 칠보교(경주시) / 126 불국사 다보탑(경주시) / 127 불국사 삼층 석탑(경주시) / 130 첨성대 · 김유신묘 · 김유신묘의 십이지신상 · 남산 용장사곡 삼층 석탑(북앤포토) / 131 황룡사지 · 남산 칠불암 마애불상군(북앤포토), 명활성(이미지클릭) / 132 《무구 정광 대다라니경》(불교중앙박물관) / 136 조선 총독부가 수리하기 전인 1910년 무렵의 석굴암(연합뉴스) / 144 장안성 시장 풍경(박진호) / 145 《왕오천축국전》 · 혜초(박진호) / 146 최치원(한국학중앙연구원) / 156 완도와 장도(Gettyimages/이매진스) / 158 장보고 무역선과 내부 모습(시몽포토) / 161 엔닌(유로포토) / 162 법화원과 장보고 동상(시몽포토) / 163 완도와 장도를 이어 주는 나무다리(토픽이미지스) / 171 처용 탈을 쓰고 춤을 추고 있는 모습(북앤포토) / 174 장도의 청해진 유적(완도군청) / 175 청해진 외성운

(완도군청_홈페이지), 장보고 기념관에 전시된 무역선(완도군청) / 176 세연정(traveling Jiny), 동천석실(완도군청) / 177 땅끝 마을의 전경(PIXTA), 땅끝 마을 비석(한국관광공사_송재근), 전복 요리(유토이미지) / 181 니콜라예프카 성터(송기호) / 183 중국 랴오닝성 차오양(북앤포토) / 184 측천무후(유로포토) / 188 동모산(시몽포토) / 192 상경성 내성 복원 그래픽(성균관대학교대동문화연구원), 상경성 제1궁전 터(시몽포토), 상경성 제3궁전 터(북앤포토) / 193 발해 석등(시몽포토), 용머리 석상(국립중앙박물관), 팔보 유리정(북앤포토) / 195 소그드 화폐(송기호) / 198 치미(《조선유적유물도감》), 순금제 허리띠 · 꽃무늬 장식(송기호), 삼채 향로(국립중앙박물관) / 199 돌사자상(시몽포토), 전불 · 금동 보살 입상 · 이불 병좌상(송기호) / 202 '좌효위장군 섭리계'의 이름이 새겨진 청동 부절(송기호) / 205 쪽구들(송기호) · 정효 공주 무덤의 내부(동북아역사재단) / 206 연꽃무늬 수막새(시몽포토), 발해의 토기 · 구름 모양 자배기(복원)(《조선유적유물도감》) / 207 고구려 치미(동북아역사재단), 발해 치미(국립중앙박물관), 정효 공주 무덤에 그려진 발해 사람들 · 연꽃무늬 수막새(북앤포토), 벽돌(국립중앙박물관) / 208 발해가 일본에 보낸 외교 문서(복제품)(북앤포토), 고구려 그릇(서울대학교박물관), 발해 그릇(《조선유적유물도감》) / 209 견고려사 목간(송기호) / 212 정효 공주 묘지명(송기호) / 213 정효 공주 무덤의 벽화(송기호) / 217 해인사 묘길상탑(북앤포토) / 220 해인사 일주문(한국관광공사_이범수) / 221 묘길상탑기(국립중앙박물관) / 223 금동 사리기(국립대구박물관) / 232 부산 해운대(타임스페이스), '해운' 글씨(해운대구청) / 237 화순 쌍봉사 철감 선사 승탑(북앤포토) / 238 통일 신라 다기-주전자(한양대학교박물관), 대접(국립경주박물관) / 239 도선(시몽포토) / 244 보령 성주사지 낭혜 화상탑비(시몽포토) / 248 보림사 철조 비로자나불 좌상(국가유산청), 보림사(조천준_쏠쏠한 일상(네이버블로그) / 249 편백나무 숲길(장흥군청 사진DB), 안중근 의사의 영정과 위패(안숙자) / 250 장흥 표고버섯(PIXTA), 장흥 삼합(장흥군청 사진DB) / 251 보성 녹차밭(PIXTA), 꼬막 무침(연합뉴스)

* 이 책에 쓴 사진은 해당 사진을 보유하고 있는 단체와 저작권자의 허락을 받아 게재한 것입니다.
* 저작권자를 찾지 못하여 게재 허락을 받지 못한 사진은 저작권자를 확인하는 대로 게재 허락을 받고, 출판사 통상 기준에 따라 사용료를 지불하겠습니다.

# 정답

## 1교시

**01** 수나라 / 수나라 / 당나라
**02** ③
**03** ②
**04** ④
**05** ③

## 2교시

**01** 김유신 – 신라

연개소문 – 고구려

계백–백제

**02** ③
**03** ①
**04** ③
**05** ②

## 3교시

**01** ○○: 월지

□□: 왜구

△△△△: 만파식적

**02** ③
**03** ④
**04** ⑤

## 4교시

**01** 석굴암 / 불국사
**02** 원효
**03** ③
**04** ④

## 5교시

**01** 신라방 / 신라소 / 신라원
**02** ①
**03** ①
**04** ④
**05** ①

## 6교시

**01** 대조영
**02** ②
**03** ②
**04** ①조공도  ②신라도  ③일본도
**05** ④

## 7교시

**01** ②
**02** ①
**03** ②
**04** ④
**05** ③

**용선생의 시끌벅적 한국사 ③ 북쪽엔 발해, 남쪽엔 신라**

저자 현장 강의 전면 개정판(양장판) 1쇄 발행  2023년  5월  2일
저자 현장 강의 전면 개정판(양장판) 2쇄 발행  2024년  6월 21일

글 금현진, 손정혜, 정상민 | 그림 이우일
정보글 이재환 | 지도 박소영, 조고은 | 기획 세계로
검토 및 추천 전국초등사회교과모임
자문 및 감수 송기호, 전덕재
어린이사업본부 이승필
편집 김형겸, 오영인
마케팅 조수환
경영지원 나연희, 주광근, 오민정, 정민희, 김수아, 장재민
디자인 가필드
조판 디자인 구진희, 최한나
사진 북앤포토, 포토마토

펴낸이 윤철호
펴낸곳 (주)사회평론
전화 02-326-1182
팩스 02-326-1626
주소 03993 서울시 마포구 월드컵북로6길 56 사평빌딩
용선생 클래스 yongclass.com
용선생 카페 cafe.naver.com/yongyong
출판등록 1993년 10월 6일 제 10-876호

ⓒ 사회평론, 2016

ISBN 979-11-6273-258-8 64900
ISBN 979-11-6273-255-7 (세트)

종이에 손을 베지 않도록 주의하세요.
책 모서리에 다칠 수 있으니 책을 던지지 마세요.